旧物记
胡风遗藏纪事

于 静 著

中华书局

图书在版编目(CIP)数据

旧物记:胡风遗藏纪事/于静著. —北京:中华书局,2008.6
ISBN 978 - 7 - 101 - 06128 - 4

Ⅰ.旧…　Ⅱ.于…　Ⅲ.胡风(1902~1985) – 生平事迹
Ⅳ.K825.6

中国版本图书馆 CIP 数据核字(2008)第 056150 号

书　　名	旧物记:胡风遗藏纪事	
著　　者	于　静	
责任编辑	李世文	
出版发行	中华书局	
	(北京市丰台区太平桥西里 38 号　100073)	
	http://www.zhbc.com.cn	
	E – mail:zhbc@ zhbc.com.cn	
印　　刷	北京精彩雅恒印刷有限公司	
版　　次	2008 年 6 月北京第 1 版	
	2008 年 6 月北京第 1 次印刷	
规　　格	开本/700 × 1000 毫米　1/16	
	印张 13　插页 1　字数 100 千字	
印　　数	1—6000 册	
国际书号	ISBN 978 – 7 – 101 – 06128 – 4	
定　　价	39.00 元	

目 录

序

孙 郁

　　胡风一直是我敬佩的诗人和批评家，他对文学的理解及表述，从不是平白直露的，而是有着某种神异隐曲的气象。在现代文化的历程里，他是新文学的彻底的贯彻者，几乎看不到老朽的士大夫味儿。上世纪30年代那些叱咤风云的文字，就曾感染过许多读者，可惜后来遭受种种风暴，其个性的生长便中途夭折了。这是一个谜一样的人物。自30年代后期，他的周围是一群纯正的作家，其格局与品位甚为特别。《七月》、《希望》上的作品，至今仍让人感念。胡风的功绩是世人皆知的。也因为他的缘故，那些有才华的人后来惨遭不幸，过早地消失，文学史上一段美丽的景观就无奈地消失了。

　　对于那个时代的人与事，后人除了进行文本研究外，要还原历史，就不能不以原始资料说话。那些无声的存在，昭示着一段历史。很长一段时间，我们无法知晓那段历史的真相，只是岁月流逝得很久之后，一些真实的情况才浮出了水面。梅志去世前，就意识到了整理资料的重要，除了自己亲自写回忆录外，还和家人决定把胡风的遗物全部捐献给鲁迅博物馆，实在是件惠及后人的事情。现在，这些珍贵的历史文献正在被完好地整理当中。看到从不幸年代过来的前人的遗迹，不禁为我们的历史生出复杂的感叹。

于静同志是这批文献的整理者，亲自见证了它们从岁月的风尘里走入博物馆的历程。她热心地整理出这些资料，作了很详细的登录、解析。我翻阅她细心爬梳出的历史片断，好似回到民国岁月，嗅到远去历史的文化气息。胡风的价值不仅在文学理论与文学出版上，他与鲁迅及同时代人的关系所组成的那道景观，对于我们思想史都是珍贵的遗存。看到鲁迅赠送给他的著作及遗物，萧军和他的往来信件，聂绀弩的墨迹，《七月》、《希望》的原刊，三十万言的上书等，现代文学史里深切的存在给人的联想已超越了文学领域。与这些历史的旧迹对视，其实舒展出来的确是心灵的苦楚。

胡风是历史转型时期的一个悲剧性人物。他在艺术理论和文化建设上有自己特别的思考，在许多方面与周扬的观点不合，其实是探讨现代文学可能性的分歧。实际上，新文学发展到30年代后期，是有一种新的突变的可能的，胡风自己就看到了这种可能。他从鲁迅的参照及马克思的参照里，发现了主体延伸的必要性和个性成长的可能，自己坚持的就是这种可能。在大量的文献资料里我们能看到，他的热情和挫折、期待与焦虑，纠缠的正是我们历史里令人久久困惑的一角。一颗鲜活的心在不安里跳动着。五四文学闪亮的部分，我们从这里是可以感受到的。

上世纪40年代后，文学思潮浪涌，在左翼方面，精神受苏联的影响，日趋一体化和模式化。艺术存在，就没有别的可能么？胡风在自己的思考里得到了另一种答案，那就是鲁迅所倡导的自由精神是可以在左翼文化里生长出来的。这个思路为他后来酿成了大祸。之所以和周扬的理论不同，原因很多。我们看他的遗物，就可以感受一二的。一方面深入了解革命时期的理论，广泛摄取各国的文学遗产中有益的东西，另一方面一直参与到社会实践中去，了解作家的生命状态。他在精神深度上和鲁迅的呼应，使他对环境做出了与周围人不同的判断。在基本的思想层面，他是个马克思主义的信徒，可是认知事物时，又与一般的中国马克思的信徒不同，有诗人的个体感觉，不希望精神被囚禁在什么地方。一个穿越在旷野里的求索者，是不会安于在笼子里的。他习惯在自己的世界里驰骋，可是外面的一切却早已改变。不适应与不了解，不合作与不委屈，那结局就可想而知了。

从大量的文献资料里，我们才能感性地触摸历史。胡风遗留给我们的，是一个启人心智的精神库存。鲁迅之后的文学命运，在他的旅途里显得意味深长。一个丰富的可能在他那里中断了。张中晓、阿垅、路翎的毁灭，是他梦的中断。鲁迅的余绪也在此被阻隔了。了解50年代后的文学发展史，胡风案是一个起点，自从此案之后，文学真的改向了，只变成了延安传统的一个色调。所以在某种意义上说，胡风的悲剧，与一段文化史的悲剧是共存的。我们在悲悼这个陨落的人物同时，也悲悼着一个伤感的年代。美丽被摧残的时候，是没有春天的。

这一本书给我们带来的联想远不止在这个层面上，人消失了，历史却没有过去。在行进的时光里，我们应选择什么呢？

2008年1月20日

鲁迅赠胡风

　　鲁迅视胡风为朋友，一个"鲠直，易于招怨"的朋友，当这个朋友
遭到"国防派"的攻击时，鲁迅毫不留情地加以反击："任意诬我的朋
友为'内奸'，为'卑劣'者，我是要加以辩证的，这不仅是我的交友的
道义，也是看人看事的结果。"(鲁迅《答徐懋庸并关于抗日统一战线问
题》)胡风则视鲁迅为"现世界上为了新人类底诞生而献出了自己底生命
的，光芒万丈的巨人之一"(胡风《悲痛的告别》)。

　　从1933年夏到1936年9月，胡风与鲁迅的交往只有三年多的时间，但
据鲁迅日记记载，他们之间的通信、互访、互赠活动约有一百一十次之
多（此前的1926年1月17日，鲁迅曾收到胡风一信），两个家庭之间也有
着比较密切的来往。

不能忘却的纪念
—— 《海上述林》

　　胡风遗藏中有一套珍贵的《海上述林》，蓝色绒面本，外面的纸板函套因岁月的侵蚀已严重破损。上下两卷，扉页左下，均有胡风毛笔手书"胡风"二字，下有"胡风"钤印。这部《海上述林》是鲁迅1936年所赠。

　　《海上述林》是瞿秋白的译文集，鲁迅编校并作序，以诸夏怀霜社名义出版。上卷版权页署1936年5月出版，下卷版权页署

鲁迅赠胡风《海上述林》绒面本（本书中介绍的胡风藏书、书信、手稿、遗物等资料，现均藏北京鲁迅博物馆）

1936年10月出版。上海开明书店美成印刷所排版，日本岩波书店印刷，内山书店代售。大三十二开本，封面有鲁迅亲题的镏金书名"海上述林"，书脊和封面上的拉丁字母"STR"（即史铁儿，是瞿秋白的一个笔名）也为鲁迅亲书。翻开两卷扉页，上端印有书名："卷上：辨林"，"卷下：藻林"；下端印："19·诸夏怀霜社校印·36"。"诸夏"即"中国"，"霜"是瞿秋白的原名。此书有两种装帧形式，一为皮脊本，金顶金字，印制一百部；一为天鹅绒布面本，蓝顶金字，印制四百部。重磅道林纸精制，庄重大气，一向注重书籍装帧的鲁迅非常满意：

《海上述林》上卷版权页

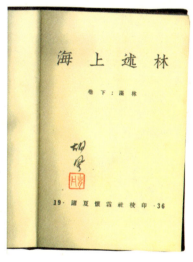

《海上述林》下卷扉页

　　曾见样本，颇好，倘其生存，见之当亦高兴……（1936年8月27日致曹靖华信）
　　那第一本的装钉样子已送来，重磅纸；皮脊太"古典的"一点，平装是天鹅绒面，殊漂亮也。（1936年8月31日致茅盾信）

　　其实按现今的标准，这两种装帧形式都可算豪华装。销售情况也颇为理想，先为面市的上卷在内山书店不足一月便告罄。

上卷印讫，鲁迅曾亲手开列过一个赠书单，限于当时形势，赠书名单用的是简名或代号。获赠人应为三部分组成：一、中国共产党领导人；二、认捐人；三、亲朋好友。

　　名单内有"内地　绒三"字样："内地"指陕北苏区共产党人，"绒三"指赠送三册绒面本。据冯雪峰回忆："《海上述林》上卷刚装好，鲁迅拿了两本给我，说皮脊的是送M（毛主席）的，另外一本蓝绒面的送周总理。"（胡愈之、冯雪峰《谈有关鲁迅的一些事情》）"绒三"的另一册据推测可能是赠与当时的党中央总书记张闻天。不过冯的说法有疑问——既然送毛的是皮脊本，就不应在"内地绒三"之列。

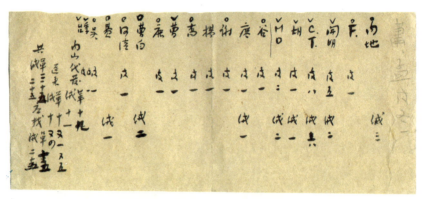

鲁迅亲书《海上述林》赠书人名单（现藏北京鲁迅博物馆）

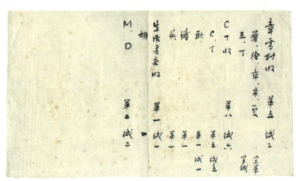

赠"认捐人"是指履行此事之初的一个约定。1935年6月瞿秋白被国民党杀害，鲁迅闻讯立即召集茅盾、郑振铎商议编印秋白遗作之事。据茅盾回忆：鲁迅说"我们都是秋白的老朋友，就由我们来带个头罢。秋白这本书，书店老板是不敢出的，我们只能自编自印。自编容易，只要确定个编选范围，明甫兄（茅盾——著者注）和我都可以编。自印却需要解决两个难题，一个是经费，书的印刷、装帧必须是一流的，而印数又不可能多，所以成本一定高，将来书售出了，也许能收回成本，但目前先要垫出钱来……"（茅盾《一九三五年记事》）。经费问题商议的结果是：由郑振铎去联系、选定秋白原有的一些已有名望的老朋友捐款，"出书后照捐款多少作比例赠书一或二部作纪念"（许广平《鲁迅回忆录》）。捐款人大都是当年商务、开明、生活书店、暨南大学的老同事老朋友，同时也是秋白的老朋友，

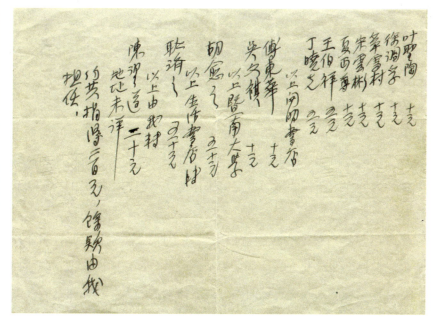

郑振铎书《海上述林》捐款人名单（现藏北京鲁迅博物馆）

其中有陈望道、叶圣陶、胡愈之、章锡琛、徐调孚、傅东华、宋云彬、夏丏尊等。他们共筹集了捐款二百元，余缺由郑振铎补足。《海上述林》上卷印成后，鲁迅曾托郑振铎、章锡琛转赠诸位捐赠人（见1936年10月2日致郑振铎、章锡琛两信）。

赠书名单上还列有一类，当是鲁迅的亲朋好友或当时与之来往密切的人："F"即冯雪峰；"CT"即西谛（郑振铎）；"胡"即胡愈之；"MD"即茅盾；"谷"即古非（胡风）；"广"即许广平；"谢"即谢澹如；"杨"即杨霁云；"乔"即乔峰（周建人）；"曹"即曹靖华；"鹿"即鹿地亘；"河清"即黄源；"费"即费慎祥；"吴"即吴朗西；"季"即季市（许寿裳）；"台"即台静农。1933年夏至1936年年9月，鲁迅与胡风相识、相交，依鲁迅所云，"虽然还不能称为至交，但也可以说是朋友"（鲁迅《答徐懋庸并关于抗日统一战线问题》）。据胡风夫人梅志回忆：当时胡风从鲁迅处取来瞿秋白十多万字有关文艺理论方面的原稿，请梅志抄写。梅志用了个把月抄写完毕，又由胡风校对了一遍。书印成后，送给了胡风夫妇皮脊、绒面各一套，鲁迅特指定皮脊本是送给梅志的，因为他对梅志的抄写工作很满意。但是这两套书的命运却是不一样的。抗战时，胡风夫妇离开上海，想到逃难的路上不安全，便将更为珍贵的皮脊本留在了上海，仅随身携带绒面本。谁知留在上海的皮脊本丢失了，跟随他们夫妇东跑西颠的绒面本反倒保存至今（梅志《拉丁化·〈海上述林〉及其他》）。

鲁迅与秋白犹如古代的俞伯牙与钟子期，是高山流水的知音。谋面之前他们通过双方的译著互相仰慕，秋白在信中向鲁迅表白"我们是这样亲密的人，没有见面的时候这样亲密的人"；见面之后鲁迅也以清人何瓦琴的名句"人生得一知己足矣，斯世当以同怀视之"相赠。一个是中国现代文学的大文豪，一个是中国共产党早期的领导人，他们被相互的学识、学养所感染，被共同的文人气质、对人生的理解所吸引。于是，相识、相交、相知成就了他们在《铁流》、《解放了的堂·吉诃德》、《萧伯纳在上海》、《引玉集》等图书上的合作，也成就了著名的《鲁迅杂感选集》，连同那篇著名的序言。秋白就义后，鲁迅顿感失去了一个挚友、一个知音，将出版秋白遗作

瞿秋白
(1899—1935)

1933年春，鲁迅录
清人何瓦琴句赠瞿
秋白

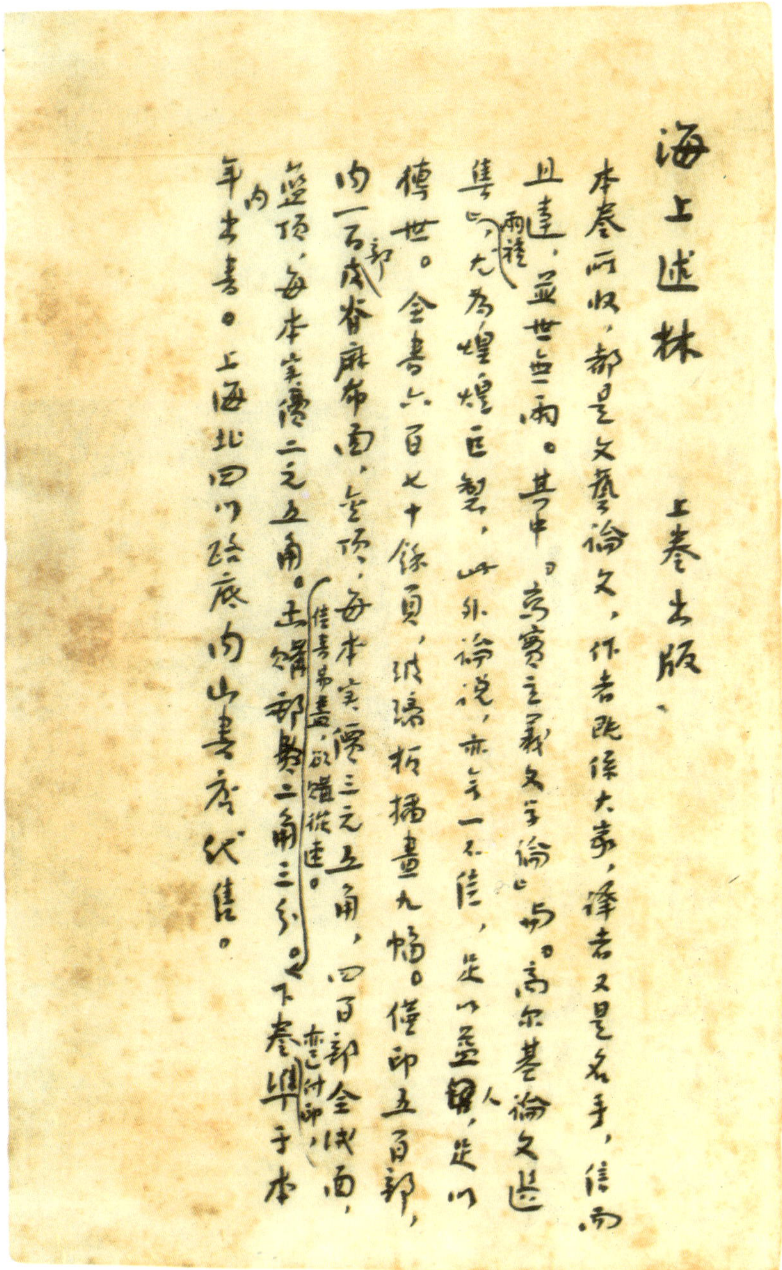

海上述林　上卷出版，

本卷所收，都是文艺论文，作者既系大家，译者又是名手，信而
且达，并世无两。其中《高尔基论文选
集》尤为煌煌巨制，此外论说，亦不一见，足以益人，足以
传世。全书六百七十馀页，玻璃板插画九幅，仅印五百部，
内一百部为锦面麻布脊，金顶。每本实价三元五角，四百部全绒面，
金顶，每本实价二元五角。下卷篇幅约二元三分之二，
年内出书。上海北四川路底内山书店代售。

鲁迅撰《海上述林》上卷出版广告手稿（现藏北京鲁迅博物馆）

视为最好的纪念。鲁迅约集了秋白的几个好友共议出书之事，决定先把五十万字的译文集印出。周国伟在《鲁迅著译版本研究编目》一书中，根据鲁迅日记的记载，详细记述了《海上述林》一书的出版过程：

1935年10月22日，鲁迅正式"编瞿氏述林"；11月4日，编好第一部稿件，约三十万字。鲁迅与郑振铎一起，"挟稿"前往，交开明书店美成印刷厂排字，并接洽校对办法。12月6日，鲁迅起校《海上述林》上卷。经多次校改，于翌年4月22日"校《海上述林》上卷讫"。经印刷厂改订后，于5月22日，由内山书店日籍店员镰田寿把纸型带至日本岩波书店印刷。8月底印出样本。9月底书运至上海。10月2日下午，"《海上述林》上卷印成寄至，即开始分送诸相关者"。至于《海上述林》下卷，于1936年4月17日始编，5月13日起校。原与印刷厂商定，6月底排成。鲁迅虽在病中，仍有许广平协助校对，未受影响。但印刷厂拖至9月15日，才将下卷改毕。

而当下卷12月正式面世时，鲁迅已于10月19日溘然去世了。

正是对秋白"不能忘却的纪念"，鲁迅去做了他要做的"把他的作品出版"，以"纪念"、以"抗议"、以"示威"："人给杀掉了，作品是不能给杀掉的，也是杀不掉的！"（冯雪峰《回忆鲁迅·一九三六年》）

1938年5月，秋白的著作集《乱弹及其他》由上海霞社出版。

他山之玉
——《引玉集》

《引玉集》，苏联版画集，鲁迅编。1934年3月，上海三闲书屋据作者手拓原本以珂罗版印制。鲁迅在后记中告知书名由来："因为都是用白纸换来的，所以取'抛砖引玉'之意，谓之《引玉集》。"胡风藏此初版本一册，为鲁迅当年所赠。它和鲁迅赠与的《海上述林》、《珂勒惠支版画选集》成为胡风一家的"纪念品，也是珍藏品，舍不得随便拿出来翻阅的"（梅志《书香余韵》）。

鲁迅是中国新兴木刻运动的倡导者与先行者，他生前自费编印木刻画册十余种，印行近万册，"以传给青年艺术学徒和版画的爱好者"。鲁迅在大力倡导新兴木刻运动中，是将"引入他山之玉"作为首位的，他在收集外国版画书刊、画集、名作原拓的基础上，编印了《近代木刻选集》、《新俄画选》、《士敏土之图》等外国版画集，但应该说编印苏联版画集是他"自己也没有豫先想到的"。鲁迅在《引玉集》后记中详细地披露了编印此书的起因。他偶然在《版

鲁迅编选的《新俄画选》

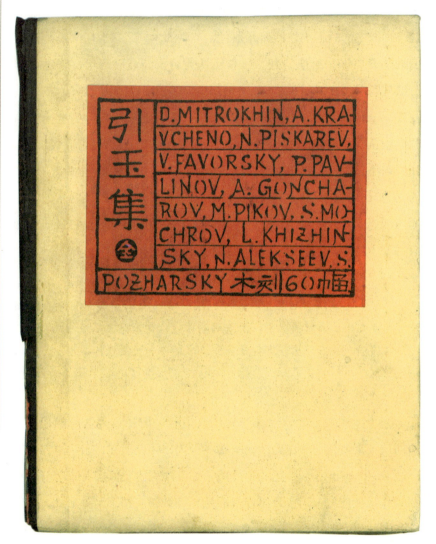

引玉集

D.MITROKHIN, A. KRA-
VCHENO, N. PISKAREV,
V. FAVORSKY, P. PAV-
LINOV, A. GONCHA-
ROV, M. PIKOV, S. MO-
CHROV, L. KHIZHIN-
SKY, N. ALEKSEEV, S.
POZHARSKY 木刻60幅

鲁迅赠胡风苏联
版画集《引玉集》

画》杂志上看到了苏联木刻家毕斯凯莱夫所作的《铁流》插图，于是写信委托在苏联任教的曹靖华搜寻原作。曹靖华不负请托，从作者处寻到木刻并寄来，在信里他告诉鲁迅一个以物易物的好办法："这木刻版画的定价颇不小，然而无须付，苏联的木刻家多说印画莫妙于中国纸，只要寄些给他就好。"鲁迅认为可行。前后两年，鲁迅寄赠白纸与旧书六次。而曹靖华先后七次从苏联木刻家手中搜寻木刻作品一百一十八幅，寄与鲁迅。1933年11月3日鲁迅手中已存有七十多幅苏联版画，在当日给郑振铎的信里他首次表示："我有苏联原版木刻，东洋颇少见，想用珂罗板绍介于中国。"这大概就是《引玉集》的初想。1934年1月，鲁迅选其六十幅，编《引玉集》，这从他所作的《后记》"选出六十幅来，复制成书"一句中可见；但目录所列却只有五十九幅，这也可从鲁迅亲书的广告得证：

今为答作者之盛情，供中国青年艺术家之参考起见，特选出五十九幅，嘱制版名手，用玻璃版精印，神采奕奕，殆可乱真，并加序跋，装成一册，定价低廉，近乎赔本，盖近来中国出版界之创举也。

六十亦或五十九，对此李允经先生有一解释："这可能是因为毕斯凯莱夫所作《铁流》之图第四，分为二幅，而在目录中算作一幅之故。"（李允经《鲁迅与中外美术》）《引玉集》前有陈节（瞿秋白）作《代序》，后有鲁迅作《后记》，装帧有精平两种形式，精装为纪念本，仅印制五十部，非卖品；平装为流通本，印制二百五十部。因上海、北平印价昂贵，内山完造托东京洪洋社印刷。1934年5月23日鲁迅收到洪洋社寄来《引玉集》三百本，工料运送总计花费三百四十元。鲁迅在编印《引玉集》的同时，也在筹划着将剩余的木刻再编一部苏联木刻集（初版本发行后，曹靖华继续为鲁迅发寄苏联木刻），并将书名暂定为《拈花集》，1936年3月26日鲁迅在给青年木刻家曹白的信中就表达了这个意愿。但天不假年，鲁迅很快便去世了。时隔五十年，1986年7月，北京鲁迅博物馆编《拈花集》由人民美术出版社出版，收十六位苏联木刻家作品一百二十幅，鲁迅当年的愿望得以实现。

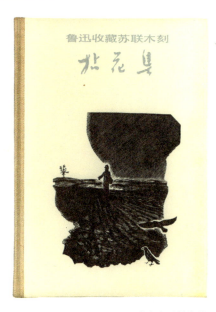

北京鲁迅博物馆编《拈花集》（鲁迅收藏苏联木刻）内封衣

《引玉集》出版印行两种三百本，由内山书店经销，鲁迅也曾托人在广州代销。从鲁迅的书信与日记中得知，鲁迅分赠出三十本左右。1934年底，初版《引玉集》销售一空。1935年4月再版二百一十五本，分纪念本与发卖本两种。胡风获赠的为初版平装流通本（现今视为精装本），但鲁迅书信与日记未见记录，应为失记。胡风1933年6月自日本回国，几天后与鲁迅相识，8月担任左联宣传部长，后一直负责共产党中央特科同鲁迅的联系工作（直到1936春）。胡风在晚年所写的《鲁迅先生》中曾说：

> 凡是他经手印的书，总要送我一本。和他有关的书，只要他有多的，也总送我一本。

那时胡风生活比较拮据，每月有限的钱只舍得买回几本有关革命文艺理论的日文书，国内的书常常是朋友送的，收到鲁迅亲手包扎

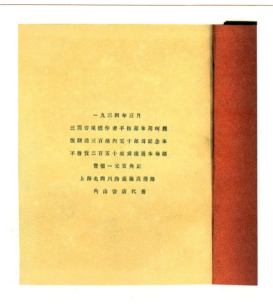

《引玉集》版权页

好、亲手交给自己的书，在他们是最为高兴的事。六十年后，梅志对当初收到那册《引玉集》的情景还清晰在目："打开包扎得有棱有角的牛皮纸"，"那黑白分明线条细腻的版画，装帧印刷得十分考究。那样地精美，简直使我不敢轻易翻阅它。我们俩头并头，由胡风轻轻地翻着，一幅一幅地欣赏着"（梅志《书香余韵》）。

　　《引玉集》与胡风的其他藏书一样，同他们的主人一起历经了坎坷与磨难。在抗战的枪林弹雨中，它们没有离开过主人的身旁；1955年胡风案发，主人双双失去自由，书与人天各一方。十年后主人四川监外执行，特允书随行。未几"文革"兴起，革命组织宣布：没收胡风个人财产，包括书。梅志将鲁迅的书，包括鲁迅赠送的书归为自己名下，才免遭劫难。胡风的藏书彻底摆脱厄运是在1980年9月，胡风得到初步平反，没收的书籍全部发还。胡风在他最后的五年，又看到了自己心爱的书籍，想来是颇感欣慰的。

送给母亲的礼物
——《母与子》版画

《母与子》 (Mutter Und Kind)。制作年代未详，铜刻；据《画帖》，原大19×13cm。在《凯绥·珂勒惠支作品集》中所见的百八十二幅中，可指为快乐的不过四五幅，这就是其一。亚斐那留斯以为从特地描写着孩子的呆气的侧脸，用光亮衬托出来之处，颇令人觉得有些忍俊不禁。

这是鲁迅在《凯绥·珂勒惠支版画选集》序目里，对第十九幅《母与子》所作的说明。如今在胡风的遗藏里，我们也看到了一张《母与子》画页，这是鲁迅当年送给胡风夫妇的，尤其是梅志——这个初为人母的女性。

珂勒惠支 (Käthe Kollwitz, 1867—1945) 生于柯尼斯堡，是德国最杰出的版画家、素描家。鲁迅藏有珂勒惠支画册七种，版画原拓作品十七幅。1936年，为了纪念柔石、胡也频等左联五烈士遇害五周

珂勒惠支
(1867—1945)

年，鲁迅抱病编辑出版《凯绥·珂勒惠支版画选集》，亲自编选珂勒惠支版画二十一幅，书前有鲁迅先生对这二十一幅版画撰写的序目。鲁迅请史沫特莱为此书作序，由茅盾译成中文。封面题字出于鲁迅之手。鲁迅还把《珂勒惠支版画选集》作为礼物，送给了毛泽东。画集出版五个月，鲁迅先生与世长辞。

　　母亲与孩子是珂勒惠支版画创作的一个重要主题。《妇人为死亡所捕获》、《战场》、《面包！》、《德国的孩子们饿着！》等等作品，表现了母亲与孩子在战争与灾难中是最易受侮辱与损害的群体，她用黑白的对比，刻画了母爱与童心受到压抑、撕裂下的情景。在她的刻刀下，完成了一幅幅充斥着阴郁、悲戚气氛的作品。而《母与子》却不然，它正如鲁迅所说是珂勒惠支不多的"快乐"的作品。母亲怀抱着小儿，那满足、欣赏的目光拥抱着小儿的脸庞；小儿紧紧依偎着母亲，仿佛将母亲——这世上第一个见到的人，视为自己的共生共体。鲁迅将《母与子》送与胡风夫妇，是经过精心挑选和考虑的。1934年，胡风三十二岁，梅志二十岁，他们第一次做了爸爸、妈妈。

1933年底，胡风与梅志结婚。三个月不到，梅志怀孕了，两个没有丝毫准备的小夫妻有点不知所措。胡风正准备着手翻译高尔基的作品，梅志也正雄心勃勃地准备学习写作。小生命的不请自来，打乱了他们的计划。他们决定放弃这个孩子，于是将自己的想法告诉了鲁迅。鲁迅表示理解，并亲自联系了日本医生做堕胎手术。第二天，鲁迅带着他们到了一个日本诊所。当梅志躺在手术床上的时候，他们后悔了，他们的父爱与母爱一起苏醒了。胡风扶着梅志说：“这是我们第一个孩子，就热烈地欢迎他吧！”梅志握着胡风的手说：“我们要这孩子，并且一定要带好他，我甘心做家庭妇女。”（梅志《我第一次生孩子时的几件事——怀念鲁迅先生给予的帮助》）梅志——这个准备做母亲的人，放弃了个人的计划，决心要把他们的孩子带成一个健康、活泼、聪明的孩子。他们行动了起来，到书店去买育儿教育的书籍。但很失望，几本薄册，非常浅显。鲁迅听说了，送给他们一本浙江省妇孺医院十周年纪念册。那是一本厚厚的十六开本的有彩色封面的书，不止内容丰富，还有彩色插图。梅志——这个准妈妈，将这书随身携带，随翻随看，书成了指导老师。而胡风——这个准爸爸，为了生活，为了这即将出世的小生命，只有加倍地写作、写作。十月怀胎，小生命诞生了，是个男

1936年梅志与晓谷在上海兆丰公园

孩，起名叫"晓谷"。鲁迅送给他们的那本育儿书继续发挥着作用，孩子该出牙了，该学爬了，该能站了，该会走了，头痛脑热吃什么小药，母亲都从书里找到了答案。书里告诉每天要给婴儿洗澡，但实际操作，却难坏了年轻的妈妈。看着又软又小的孩子，她不知从哪下手。这时旁观的爸爸上场了，"像表演魔术一样，一手托着孩子，一手用毛巾蘸着水轻轻地淋着孩子，还为他擦香皂洗头，孩子不但不再哭，还显出很舒服的样儿"（同上）。原来胡风这一手是从鲁迅那学来的。1934年12月19日鲁迅在梁园请客，约请了茅盾夫妇、聂绀弩夫妇、胡风夫妇、萧军萧红还有叶紫。鲁迅想在这个场合，把刚从东北沦陷区出来的萧军萧红夫妇介绍给大家，同时为胡风的"得子"庆贺一下，所以在给胡风的邀请信中特别提到带着孩子来，但遗憾的是胡

萧军与萧红1934年在上海

风的信因故没有送到，他们错过了一个机会。后来，鲁迅送给他们一张用纸卷好的画，打开一看是珂勒惠支的版画《母与子》。当时鲁迅正在着手编选珂勒惠支的版画选集，这是送样时的一个零张。他们立刻把这张《母与子》镶到了镜框里，挂在墙上。从此这张画页一直跟随着他们，给他们的家增添了浓浓的母爱气氛。梅志后来成为三个孩子的母亲，她不仅把母爱给了自己的孩子，

还创作出许多童话，把这份爱给了中国无数的少年儿童。鲁迅后来又送给他们一册《凯绥·珂勒惠支版画选集》，该书仅印三百册，扉页上标有编号，他们的这册是第六四本。

　　"母与子"是个永恒的话题，母亲是孩子的寄托，孩子是母亲的希望，因此他们是快乐的，也是幸福的。

鲁迅赠胡风《凯绥·珂勒惠支版画选集》，为第六四本

在"宫"里收到的礼物
——日本饼干盒

一个旧旧的饼干盒，起码七十岁了，它曾经有着桔黄色的美丽外貌，装着诱人的香甜食物，上面的文字标志着它的产地——日本；而如今岁月剥蚀了它的容貌，不再像往昔一样鲜艳夺目，甚至因年代的碰撞出现了凹陷。但胡风一家一直舍不得丢弃，因为这是当年鲁迅一家送给他们孩子的礼物。

日本饼干盒

"鲁迅晚年，心情时常感到苦闷和孤独，朋友并不多。但所有的朋友都比较亲密，有一点可以证明，就是往往同朋友的家人也有交往。这大概与他在上海有了家属，过上较为平静和安定的家庭生活有关。这些家庭有：瞿秋白夫妇、冯雪峰夫妇、胡风夫妇和萧军、萧红两人。"（黄乔生《鲁迅与胡风》）据鲁迅日记记载，他们之间相互往来活动约一百一十次，其中胡风拜访鲁迅三十多次。这种拜访有工作上的切磋，也有生活上的交流，尤其是胡风结婚以后，他们更是经常出入鲁迅家中。小两口发生口角了，胡风便说"到虹口周先生家去吧"，到那里立时烟消云散；梅志意外地怀孕了，他们决定做掉，又找到了鲁迅，鲁迅给他们介绍了一家日本诊所；他们第一个孩子出生了，给婴儿洗澡的方法竟然是胡风从鲁迅那里学到的；就连他们的避孕方法也是鲁迅向他们推荐的（梅志《我第一次生孩子时的几件事——怀念鲁迅先生给予的帮助》）。鲁迅与许广平以朋友与过来人的身份向他们传授着育儿经验、生活知识。据记载，鲁迅往胡风家到访两次。第一次是鲁迅与胡风的初次见面。1933年6月，胡风在日本因宣传抗日等罪名被驱逐回国，回到了上海。几天后，周扬陪着鲁迅来到了他的住处，他有些"惶惶然"，而"先生对他很平和，像老熟人一样，没有任何客套，基本上是谈工作"（梅志《胡风传》，252页）。鲁迅对他将要在左联担负的工作提出了要求与指示，从此他们在工作中相互配合，相互信任，关系也从师生发展成了朋友。鲁迅第二次到胡风家做客已是两年后了。

后来，梅志曾撰文《在"宫"里招待鲁迅先生》专门记述此事。这个"宫"自然是指他们的家，但此家非彼家，它还有一段来历呢！1933年底，胡风结婚了，他们在上海巨籁达路安置了一个新家。女主人精心布置了一番，浅蓝色的墙纸，天蓝色的窗帘，新置的床和家具，一共只花了不到五十元，就将原来满目斑驳的住所变成了一个赏心悦目的家。正因这蓝色的墙、蓝色的窗帘和新的家具，有人在被捕后，竟向警察交代胡风的新房像皇宫。这条花边新闻登在了一家日文刊物上，鲁迅看到后，曾在1935年9月12日致胡风的信中借此向

1935年胡风夫妇
与孩子在上海

胡风请"'皇'安",以示调侃。当鲁迅一家于1935年秋到胡风家做客时,他们已搬离了那个天蓝色的"皇宫",而且有了一个"皇子"。这个"皇子"一直受到鲁迅一家的关注,从他的孕育、出生到成长,都得到了鲁迅一家的帮助。鲁迅将胡风"得子"当作一件可喜可贺的事情,第一次错过机会后,在另一次朋友聚会中,鲁迅又特地要求胡风将孩子带来,"让大家见见小宝宝"(梅志《胡风传》,297页)。当梅志把只有四个月的孩子抱来时,许广平抱给鲁迅看,鲁迅终于看到了这个一直想见的孩子,一句"幼稚得很"引起了众人的大笑。梅志后来从鲁迅日记中查知那天是1935年1月30日。有一天,许广平要将自己孩子洗澡测水温的温度计和一件儿童毛衣送给他们,胡风不好意思要,被梅志以"长者赐不可拒"埋怨为"不通人情"。海婴也是只要见了小弟弟就喜欢得不撒手,逗他玩，逗他笑……

1935年9月24日胡风决定在他们刚搬的大房子里，邀请鲁迅一家来做客，当然也有答谢鲁迅一家的意思。这是一次家庭式的宴请，胡风一家很重视。他们精心做了准备，请来略通厨艺的梅志的妹妹主操烹饪，有冷拼、热炒，有鱼、肉，种类也七八样呢！梅志描述那天鲁迅的一家：

鲁迅一家

　　鲁迅先生穿一身深灰色的长衫，还是戴着他那帽檐下垂的礼帽。许先生穿的也很朴素，记得是淡灰色有浅花的旗袍。海婴穿一身浅色的童装，可能是日本服装店定做的，非常合体，显得十分精神，活泼可爱。这一家人来到我们这陋室，不能不用一句俗话说'蓬荜生辉'了。使我们感到这屋子一下子豁亮了，充满了和蔼高尚的气氛。（梅志《在"官"里招待鲁迅先生》）

　　鲁迅一家给他们的孩子带来三件礼物，都是经过精心挑选的。一只赛璐珞的能拉着走的小鸭，一个木制的能当哨子吹的小鸟，玩具小鸭没玩多久就散架了，而木制小鸟一直玩到了他们的第三个孩子。第三件礼物就是日本饼干。这是一盒日本制的果酱夹心饼干，应该是从日本人的商店买来的，既松脆又有营养。饼干吃完了，盒子一直保存着，装过胡风一家有纪念意义的照片，也曾被当作"胡风案"的物证没收过。幸运的是又被发还了，并且完好地保存到今天。鲁迅一家在胡风家吃饭、喝茶，像朋友一样地谈天，一直到晚上七点，那天的情景深深地刻在了梅志的心里。相隔不久的10月11日，鲁迅回请胡风一家，并送给胡风一把水果刀。

一件难忘的往事，一段记载着鲁迅、胡风两家人友情的回忆，这就是一个日本饼干盒告诉我们的故事。

友人赠胡风

　　做胡风生前的友人是不幸的，如果是"骨干分子"，关个十年八年不算新鲜，甚者也有丢掉性命的，但这里出现的友人，却没有一个是"胡风分子"。不是命运之神的特殊眷顾，而是他们有的被圈进另一个"反党"集团，有的被定为"老右"，遭受着同样的不幸与磨难。

共同的怀念
——王朝闻刻鲁迅浮雕头像

雕塑家王朝闻于1940—1948年在延安创作了《鲁迅》、《毛泽东》、《青年》、《民兵》等系列雕塑，胡风遗物中有一块鲁迅浮雕头像，即是王朝闻所刻，萧军转送。头像高19厘米，宽13.6厘米，岁月荏苒，

王朝闻刻鲁迅浮雕头像

原本洁白的石膏材质已发黄，头像蒙上了一层薄薄的灰迹，但鲁迅先生那透过时空隧道的眼神与容貌依旧光采照人。

王朝闻创作鲁迅头像是源于他的鲁迅情结。1934年二十多岁的他在内山书店见到了鲁迅，他回忆："当时我到内山书店询问两年前预定而未收到的三本日版《世界美术全集》，鲁迅先生正

王朝闻（1909—2004），四川合江人，原名王昭文，文艺理论家、美学家、雕塑家。1940年12月赴延安，曾任教于鲁迅艺术文学院美术系。1941年为延安中央党校大礼堂创作的大型毛泽东浮雕像，被誉为解放区美术作品的代表作。建国后曾任中央美术学院副教务长、《美术》杂志主编、中国美术家协会副主席、中国艺术研究院副院长、中华美学学会会长等。著有《一以当十》、《论凤姐》等。

与内山在书店谈话。我的订书单丢了，鲁迅先生帮助我领到了该书。鲁迅先生对我穿的是杭州艺专的制服早有印象，他问我是国立艺专的学生吗？我回答是。问我从哪里来，我回答从四川，问我哪里人，我回答说是四川人。他说，你们四川还有人吗？我感到奇怪，鲁迅先生说给四川算了笔帐，从造谣的日报看出新闻的假象，反动报纸说'剿匪'的数加起来超过四川人口的总数。关注黑暗时局的鲁迅先生的这个具有幽默感的谈话，给我留下了深刻的印象。"（邓长春《选择历史——王朝闻访谈录》）在此之前的1932年，王朝闻曾创作木刻《三等车厢》在上海"春地美术研究所展览会"展出，引起过鲁迅先生的关注。1935年他又根据鲁迅的小说《伤逝》，编绘木刻连环画《噩梦》，于翌年参加了全国木刻展览会。1940年12月，经重庆八路军办事处介绍，王朝闻赴延安，在鲁迅艺术文学院美术系任教。1941年，他创作了《鲁迅》浮雕头像，这标志着他的创作开始走向成熟。中国美术家协会理论委员会主任邵大箴，曾经以专业的眼光评价过这幅作品：

> 浮雕《鲁迅》的手法很概括，在刻画这位被人们称作"民族魂"的伟人形象时，朝闻先生侧重于表现人物朴素、平凡的外表和他内心炽烈的感情。在浮雕中，我们看到鲁迅面对白色恐怖和反动派的文化围剿，沉着而冷静；他眼光犀利，在瘦削和带有倦容的面庞上，流露出战斗的激情；嘴角刻画尤为生动。在众多塑造鲁迅形象的美术作品中，朝闻先生的这件作品别具一格，有自己的特色。值得提起的是，朝闻先生在这件头像中，很注意发挥雕塑语言本身的表现力。除了体面塑造、明暗处理外，作者在塑造过程中留下的捏塑手迹，使作品获得一种生动感，一种平面上的起伏与肌理的美。而这种表现手法，又紧密地服从于人物形象的塑造，与鲁迅饱经沧桑的生活经历相吻合。（邵大箴 《学术与人生》）

作者将自己对鲁迅印象的解读融入到了作品当中。

王朝闻与胡风第一次见面是在1940年的重庆。秋季的一天，王在原国立杭州艺专雕塑系同学，当时在中华全国木刻界抗敌协会工作的卢鸿基的陪同下去拜访胡风。他想在去延安前为胡风画张像。胡风高兴地答应了，并留他们在家里住了一夜，其间谈得很是投机。第二天，王朝闻和卢鸿基各自为胡风画了一张速写。胡风后来回忆道："王是用竹篾片敲碎蘸着墨画的，很有特征，我认为表现出了我的性格，很是喜欢。"（《胡风回忆录》，204页）后来，这张速写

王朝闻反映战地服务队生活的行军通讯《二十五个中间的一个》，刊于《七月》第四集第三期

伴随着胡风进入了新中国，可惜在他被捕后家里搬迁时丢失了。王朝闻的作品经常投稿于《七月》，从萧军给胡风的书信中发现，许多作品还是通过萧军发寄的。1939年9月29日成都萧军致胡风信："这里现请王朝闻君作了两张画，本来打算画一张寓意画，意思已经想好了，因为时间太促怕弄不好，所以只寄了这两张，可用与否由你主张。"1940年2月28日成都萧军致胡风信："代《七月》寻到几张画：王朝闻的系旧作，《七月》作封面不甚适宜，但也寄来你看，万一有用处即用，否则待我去带归。"《七月》第四集第三期发表过王朝闻反映战地服务队生活的行军通讯《二十五个中间的一个》；《七月》第六集一、二期合刊封面使用的是王朝闻的墨画《被囚的民族战士》，胡风曾谈过采用这幅画的用意：

　　选这幅画，我是有意使广大读者知道，敌人是那么凶残，甚至

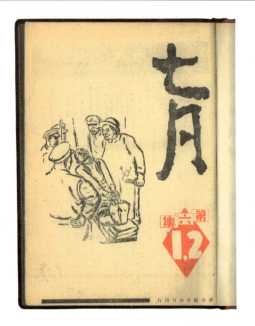

胡风主编的《七月》第六集
一、二期合刊封面画：王朝闻
绘《被囚的民族战士》

用"老虎凳"拷问我们的民族英雄。最近，从徐冰那里听说国民党
又在蠢蠢欲动，经常有很严重的摩擦。想到国民党只知残害自己人
的反动行为，觉得用这幅画做封面很有揭发它阴谋的意义。（《胡
风回忆录》，213页）

1944年4月胡风已从桂林回到重庆，他收到了萧军寄自延安的
信，还有那块鲁迅石膏浮雕头像，信中说："鲁迅先生石膏像一块，
算为弟兄们一点信物罢。"这弟兄们大概既包括萧军也包括王朝闻
吧，因为他们和胡风一样都是有着鲁迅情愫的人。

短暂相处的礼物
——白桦赠砚台与镇纸

　　白桦与胡风于1953年5月到6月共赴东北大赛，慰问被遣返的志愿军伤病战俘。短短一个月的交往，彼此建立了友情。白桦于一年后送胡风砚台一方，镇纸一对。砚台与镇纸均为云南大理石材质，砚台长29厘米，宽2厘米，厚4.5厘米，台盖上刻有白桦毛笔手迹："千里鹅毛尚可称重，万里大理之石请勿嫌轻　胡风同志润笔　白桦　一九五四年七月一日　　选于云南大理点苍山"；镇纸长16.8厘米，宽2.7厘米，厚1厘米，镇纸上亦刻有手迹："胡风同志镇□　白桦

白桦赠砚台与镇纸

白桦（1930—），原名陈佑华，满族，河南信阳人，剧作家、诗人。建国后曾在昆明军区和总政治部创作室任创作员。1957年被划为右派，在上海八一电影机械厂当钳工。1979年平反，在武汉军区文化部工作。1985年转业到上海作家协会。著有长篇小说《妈妈呀，妈妈!》，电影文学剧本《山间铃响马帮来》、《今夜星光灿烂》、《苦恋》等。

一九五四年　大理"。岁月蹉跎，手迹有些模糊不清，但白桦"请勿嫌轻"的大理石却在"胡风案"中成了压在白桦身心上的一座大山，而镇纸也未挡住胡风二十多年的罹祸。

　　1955年全国清查"胡风反革命集团"，"胡风的名字成了一个特殊的符号，类似恶魔撒旦的同义词，谁若与胡风沾了边谁就倒霉"（丹晨《胡风·撒旦·上帝》）。据时任胡风专案组人员的王文正披露，运动"触及了2100余人，其中被捕的92人，被隔离审查的62人，被停职反省的73人"（王文正《我所亲历的胡风案》）。白桦即隔离审查六十二人之一。白桦，剧作家、诗人，1951年开始创作，1953年刚二十三岁，正被视为一名有前途的部队青年作家，但厄运也正从此开始。五月的一天，组织上通知白桦参加一个由中国作家协会和解放军总政治部联合组织的作家访问团，"到东北和朝鲜访问从三八线那一面交换回来的中国战俘，然后写文章向全世界揭露美帝国主义、南韩和台湾蒋介石集团相勾结，残酷迫害战俘的罪行"（白桦《我和胡风短暂而长久的因缘》）。作家访问团由十人组成：罗烽、胡奇、毕革飞、葛洛、碧野、刘大为、白桦、菡子、海默、胡风。胡风给白桦

1953年春天胡风（中）与白桦（左）、菡子在东北大费

的第一印象是：一个老人，一个三分沉闷、三分无奈、三分忧郁的老人，不可捉摸的那一分当然装不下城府，好像是愤懑（同上）。

胡风是团里年龄最大的，白桦是团里年龄最小的，最小的常常拉着海默、刘大为跟最大的喝一杯，他们拉家常，讲笑话，但小的发现老的什么正经话（譬如文学）都没说过。来自北京的胡风当时已预感"山雨欲来风满楼"了，而来自云南边陲的白桦，浑然不知这是老人"最后的轻松与快乐时光"。访问团的时间一个多月，而白桦因有任务提前返京了。夏天，白桦约了刘大为到胡风的新家去拜访。第二年的春天，白桦访问滇西北，从云南大理给胡风、罗烽等几位老作家买了几方天然大理石的砚台与镇纸，作为一个年轻人对那段短暂时光的纪念。1955年春天，白桦因为同胡风的关系被隔离审查了。为什么千里迢迢寄给胡风一方砚台？砚台暗示着什么？为什么去看胡风……诸

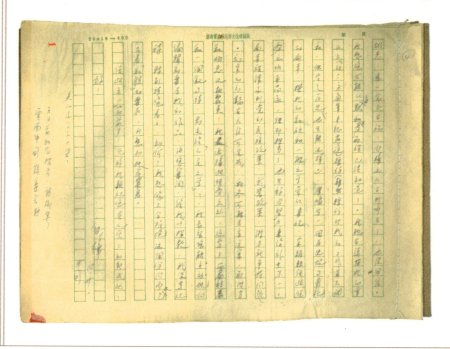

白桦1954年4月30日致胡风信

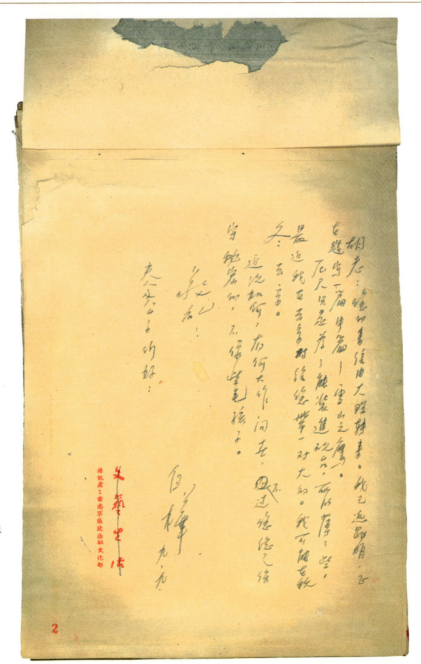

白桦1954年9月9日致胡风信，提及送砚台事

白桦1958年被划为右派后在
军工厂当钳工，这是他与妻
子（左）、小妹的合影

如此类的问题，让年轻的白桦陷入了恐惧。所幸的是八个月的隔离审
查没有把他定为胡风骨干分子，但那时大多数知识分子的命运他却是
难逃的。1957年，在反右运动中，他成了右派，下放到工厂劳动。

　　一晃二十多年，1979年11月白桦参加了第四次文代会，《人民
日报》于13日刊登了他在大会上的发言《没有突破就没有文学》。数
天后，他收到了一封寄自成都的信，打开信第一眼是"白桦老弟"四
个字，信末落款："胡风　11月，14日，1979年。在成都。"胡风还
活着，不仅活着，还关注着文坛的一举一动。胡风是在看到报道的第
二天写的信，信中透露了他看到文章后的不平心绪："你为你的，也
是我（们）的母亲做了一件应该有许多人做，但却还只有张志新做
过的，庄严而真诚的事。"隔绝于社会四分之一世纪的胡风还是那
么"鲠直"，那么"易于招怨"，白桦做了什么能够得到胡风这样激
赏？白桦在《没有突破就没有文学》发言中说："我们千万不要再歌

颂什么救世主。理由很简单：从来就没有什么救世主。"发言得到了许多人的共鸣，包括尚未获得平反的胡风。当时的中国刚进行了真理标准的讨论，文艺界获得了初步的宽松和自由，但"左"的影响还很严重，文艺界正开展着"歌颂文学"还是"伤痕文学"即"歌德与缺德"的讨论。当然讨论的平息是以中国文艺界迎来思想解放的春天而结束。随胡风信寄来的还有九首五言旧体诗，那是胡风1961年在公安部的看守所为白桦作的。在此载录第八首：

> 南疆游子路，北国故人颜；
> 白石方方整，红粮粒粒圆；
> 怀诚能有笑，解惑竟无言。
> 梅放三冬后，菊开十月前。

胡风在信中说：

相处太短，我感觉迟钝，吟时竟然觉得是真在怀念了你。……你当记得鲁迅说过：听到我认识的人去革命，我是高兴的；但听到我熟识的人去革命，老实说，我是有点为他耽心的。真的，我没有想到过是你。但也请你原谅我，我是想到你的时候写下了"梅放三冬后，菊开十月前"的。现在我只有希望我应的"景"是前一句而不是后一句。

胡风预计"文艺的春天"就要来了。白桦接到信，既意外又感动。15日胡风再寄信一通："最近才知道，与我有关的弄理论的人，都早已惨死狱中了……""不必想到不回信不合常情。辞不达意，不

白桦1954年（?）11
月8日致胡风信

如完全省略。如有'相逢一笑泯恩仇'的一天，咱们也乘机重见罢，也许还能不止一笑而已咧！"虽然胡风暗示不要回信，白桦想回信，但别人的几句"胡风是毛主席定的铁案翻不了"阻止了他，从来不保留信件的他却把这封信和九首诗保存至今。1983年7月，白桦在胡风最后的家里见到了他，当年作家访问团最老的八十一岁，最小的也已五十三岁。

1997年春天，白桦从梅志那里得知，那方砚台与那对镇纸还完好地保存在他们家里，不由心生百感："它从纪念品变成阴谋勾结的可疑物证以后，走过漫长岁月的黑暗隧道，终于又恢复了它本来的属性。"（白桦《我和胡风短暂而长久的因缘》）

一首有唱无和的挽歌
——萧军赠自作诗条幅

胡风是个诗人，时常吟歌作赋，萧军也好此道。胡风遗藏中有一幅萧军所书自作诗条幅，长189厘米，宽73厘米。诗曰：

何期此日赋重逢，白发萧疏泪眼明。
似是似非疑隔世，为真为幻乍难清。
刀兵水火馀唯死，雨露风霜两自经。
七十行年欣宛在，同声一唱大江东。

萧军（1907—1988），原名刘鸿霖，笔名三郎、田军等，辽宁义县人，作家。早年曾在东北陆军讲武堂学习军事。1933年和悄吟（萧红）在哈尔滨出版小说散文合集《跋涉》。1934年11月到上海，得到鲁迅指导，参加《海燕》和《作家》等杂志的编辑工作，并由鲁迅介绍认识胡风。1935年出版表现东北人民抗日斗争的长篇小说《八月的乡村》。建国后曾任作协北京分会副主席。著作除《八月的乡村》外，还有长篇小说《第三代》、游记《侧面》等，另编注《萧红书简辑存注释录》、《鲁迅给萧军萧红信简注释录》。

诗前有题款："得老友胡风来京消息，别垂二十五年矣，今得重逢，喜何如之，感而赋此。"这是一首有唱无和的诗歌，萧军将其送与梅志时，胡风已为隔世人，此歌亦成挽歌。

"小说是写给别人看，诗是为自己写"，萧军曾对别人如是说（姚锦《壮哉，萧老！》）。他是性情中人，喜怒哀乐溢于言表，当然诗是最佳的表达方式。萧军夫人王德芬曾回忆："他虽然是个小说家，事实上更是个诗人，因为无论是在顺境或逆境，没有间断过写诗。即使是文化大革命中，两年关押六年劳改期间，他竟写了五百来首诗。"胡风更是如此，他于20世

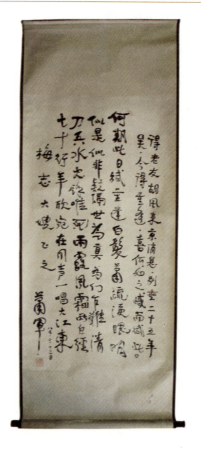

萧军赠自作诗条幅

纪三四十年代即编印十几种《七月诗丛》；49年底到50年代初创作共五个乐篇的长诗《时间开始了》；抗美援朝时期，创作长诗《为了朝鲜，为了人类！》；失去自由后，"二十多年离群独居，和社会完全隔离，又无纸无笔，只好默吟韵语以打发生活"（《胡风诗全编》，332页）。身陷囹圄前十年间，胡风自创五言连环对诗体数百首，命名曰《怀春曲》，其中给妻子梅志的命名《长情赞》，给长子晓谷的命名《诚赞》，给女儿晓风的命名《善赞》，给幼子晓山的命名《梦

赞》。赠萧军诗，即《次耳兄原韵并慰三郎》（四首）、《次原韵寄
慰三郎并请正耳兄》（五首），现采撷其中一首：

> 龙鳞披过刮蛇鳞，哪怕腥沾满手尘。
> 敢是敢非真待友，装忠装顺假称臣。
> 丢他粉彩无聊脸，还我金刚不坏身。
> 脱却南冠长啸去，科头濯足大江滨。

　　萧军与胡风既是朋友又是诗友，二人常常诗歌唱和，不亦乐乎
（虽然这样的日子不很多）。从现存的萧军致胡风书信中可以看到，
抗战期间，两人一居西南、一居西北，诗与信随行，诗与人共享。萧
军曾先后随信附诗十四首，"以博胡风一粲云耳"。胡风致萧军信现
仅发现七封，从中我们可以看到，胡风也曾寄诗三首与萧军同享。
1966年胡风在成都获得短暂的监外执行，萧军获悉即寄信致意，并附
诗作。1979年，胡风刚获释放，即与萧军通信，随附抄录的赠诗，萧
军极其珍惜，拟将其装订成《悲怆交响乐》之一章予以保存（见晓
风、萧耘辑注《萧军胡风通信选》）。

　　二人唱和堪称绝配的是写于1942年的"悼诗"与答诗。1942年
初，胡风一家从沦陷的香港脱险到达桂林，但远在延安的萧军听说胡
风已罹难，"悲怆所激"写下七律一首，后于当年7月27日抄录寄给
胡风：

> 一夜昊天殒大星，还将樽酒奠长空。
> 正当玉露连白日，何事鹃花委地红。
> 万里狼山终喋血，卅年人海了成冰。

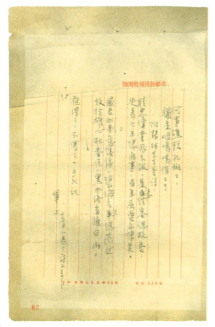

萧军1938年12月8日致胡风信，共四页，信中附萧军唱和林伯渠诗数首

年来故友飘零尽，待赋招魂转未成。

胡风收到后大为感慨，于第二天夜里赋《秋夜读诗志感——答萧军》：

> 昊天无泪流囚返，尘世多艰鬼道横。
> 记得刀光磨大剑，惯将铁证问《良心》。
> 恩仇愧对千秋镜，歌哭难过万里城。
> 午夜徘徊闻犬吠，荒郊阒寂有人行。
> （《良心》即桂林出的小报，当时诬蔑胡风在港投敌。）

胡风将答诗附于1942年9月15日致萧军信中，并于信尾附言："三郎寄示闻余'罹难'时所成之一律，同时得悉已知未知友人等关怀之意，感而成此以寄远者。"

也许萧军给胡风的挽歌四十年前就写过了，1985年6月胡风去世，梅志曾请萧军为胡风写些纪念文字，萧军没有写。后来梅志向他求字，萧军以"何期此日赋重逢，白发萧疏泪眼明"条幅相赠。梅志看后，心情久久不能平静，她说："我理解他之所以送我这幅字，是有意给我看这首诗的。这里面有着他对老友胡风的深情厚意，也就是对我要他写纪念文章的回答吧！"三年后，萧军也结束了他饱经坎坷的一生。

异邦的结婚礼物
——日本友人送茶具

在胡风遗藏中，有一套比较显眼的带有异国风情的茶具。一壶两杯的三件套，精细白瓷制作，茶具上绘有素雅的植物图案，蓝、红相间的叶子，紫色的果，简单几笔，绘出春华秋实的景象。更为别致的是茶壶的提手，它是有着许多竹节的细竹弯成的，带着古朴天然的气息。七十年过去了，白瓷已有些许发黄，花色不再那么鲜艳，茶具还有了轻许的裂纹，但它被胡风一家保存至今——这是日本友人泉充送给胡风夫妇的新婚贺礼。梅志在《长情赞》一书的序言中曾说过："我和胡风都十分喜欢秋天的红叶。看着它们经过了寒风和严霜，变得那样红彤彤的，我们不由得产生了敬意。"

泉充是胡风留日期间结识的日本朋友，也是胡风的文学事业走向左翼方向

日本茶具——日本友人泉充送胡风夫妇的新婚礼物

胡风1932年在东京

的引路人。1929年胡风与北大预科同学朱企霞东渡日本，开始了留学生活。经过一段时间的日语补习，他选择了庆应大学英文科，由此结识了同班同学泉充，并成了好朋友。梅志在《胡风传》中回忆：泉充的老家在名古屋，家中是开店铺的资本家，泉充当时可能参加了日本共产党。当时的中国，国民党公开同共产党决裂，开始了疯狂地屠杀共产党人，胡风经历了"马日事变"、"七一五政变"后，带着对国家的失望和个人的苦闷来到了东瀛。其时的日本正是普罗文学大兴之时，泉充介绍胡风参加了普罗科学研究所的艺术学研究会，这个组织是日本共产党领导下的半合法的群众团体。他与泉充不仅参加研究会的会议，还在研究会的会刊《艺术学研究》上发表文章。胡风以"中川三郎"的笔名在刊物上介绍了中国反战的作品，并在该会出版的一种文学教程上发表了文章，泉充也以笔名"日比"在刊物上发表文章。胡风感觉到了自己在理论上的进步和精神上的解放。泉充还把胡风引荐给自己的其他普罗朋友。胡风在日本期间加入了日本普罗作家同盟和日本共产党，并有幸结识了江口涣与小林多喜二等日本左翼作家。在日本留学期间，胡风见证了日本普罗文学由蓬勃发展到遭到取缔和镇压的转折，不久革命作家小林多喜二遭到了杀害，这些极大地刺激了胡风，也影响了他日后的文学活动。1933年春，胡风因在留学生中组织左翼抗日团体被捕，6月被驱逐回国。胡风与泉充这对异国友人从此再未见面。

在认识梅志之前，胡风有过一次短暂的婚姻和一次不成功的恋爱。1921年他还在上中学的时候，家里给他包办了一个媳妇。他并不爱这个妻子，但是也不能抛弃她，那是封建的时代与家庭给与他的一份馈赠和责任。几年后这个不幸的女性因难产去世了，一直在外求学的胡风得到了解脱。在学校颇为活跃的胡风，得到了一个女同学的关注，胡风认真了。他是个具有诗人气质的人，他将自己的感情、自己的爱，融汇到诗中寄给她。但是那个女同学若即若离，时冷时热，胡风时刻在痛苦中，终于有一天她离开了，深深的失恋也让胡风离开了那个学校。胡风与梅志的相识应该归功于左联。胡风在日本就参加了中国左联的东京支部，从日本回到上海后担任了左联宣传部长。一天，胡风正与朋友们谈天，楼适夷将梅志带到了胡风的住处。当时的梅志，是个十九岁的穿着淡蓝色布旗袍的小姑娘，她是来求助的：一个朋友在狱中，希望能寄些钱给他，并找些英文书以供他在狱中翻译。胡风主动取出五元钱给她，并说待后找合适的书给他。楼和梅留下来与大家一起吃了饭。梅志话不多，吃饭也很少，胡风感觉多少有点歉疚。胡风的慷慨解囊给梅志留下了一个好印象，胡风也对这个略带羞涩的小姑娘的第一面难以忘怀。他们的交往逐渐多了起来，胡风搞宣传需要帮手，便请梅志帮他油印刊物，他给她推荐读物：收有鲁迅译作的《现代日本小说集》和《现代小说译丛》。一来二去，胡风又动感情了，一次含蓄的表白把姑娘吓跑了。"一个大评论家"的头衔让姑娘不堪重负，梅志选择了逃避。但诗人的感情一旦宣泄，便如喷发的火山那样势不可挡。他用诗的语言向她倾诉：

　　　　我是下了决心向你求救的。你怎么这么狠心？我这个漂泊的
人，只有你才能给我归宿。你不能这样狠心啊，你救救我吧。只有
你才能挽救我，从困惑的感情中解放出来。我不是个坏人，我要过
一种圣洁的生活，只有你才能帮助我，挽救我……

　　"他是一个好人，应该给他以帮助，不能丢开他不管。"（梅志
《胡风传》，265页）梅志在1933年的平安夜，答应了胡风的求婚。
也正是坚信"他是一个好人，应该给他以帮助，不能丢开他不管"，
梅志与胡风风雨同舟五十一年，不离不弃，终身相伴。

胡风夫妇结婚照

　　1933年12月底胡风与梅志结婚。胡
风给梅志做了一件天蓝色绸旗袍，胡风自
己做了一套灰色条呢西服，穿着结婚礼
服，他们在国际饭店旁的一个小照相馆照
了两张结婚照，给日本朋友泉充寄去。不
久，泉充从日本寄来了这套日本茶具，以
致祝贺。"虽然那杯子太小，不合中国人
的吃茶习惯，但他们喜欢用这壶泡茶。"
（同上，276页）1935年9月24日胡风搬进
了大房子，请鲁迅一家吃饭。饭后，梅志
取出日本茶具招待鲁迅，"鲁迅先生对茶
具看了看，说，它除了很漂亮外，对我们
是不适用的，我们还是用盖碗喝茶的好。
他虽然这么说，还是将倒给他的茶一饮而

1983年金婚纪念

尽"（同上，305页）。

胡风的友人不是受到非议，就是遭到磨难，而我们对泉充所知甚少。七十多年来，中日两国的关系由对峙而战争而和平，经历了一系列变动，我们不知道泉充后来的经历和命运，但他留给胡风的这套茶具却让人时常想起那个充满普罗气息时代的日本，那个宣传"赤色"的日本共产党人。

附录　为胡风送行
——友人挽联

　　1986年1月15日，胡风追悼会在八宝山革命公墓正式举行，岂知这时距胡风去世已有七个多月，胡风的躯体早已火化——实际上，追悼会已是第二次召开。会场正中悬挂着胡风的遗像，下面安放着楠木骨灰盒，盒外镌刻着屈原《离骚》的名句："亦余心之所善兮，虽九

胡风追悼会（前排右二为习仲勋，后排右二为李锐）

死其犹未悔。"这正是胡风一生的真实写照。全国政协副主席杨静仁主持大会，文化部部长朱穆之宣读悼词，这份悼词也是第二个版本了。习仲勋来了，他是当年替胡风转呈"三十万言书"的第一人。几百人的礼堂容纳不下前来悼念的人们，礼堂内摆满了花圈，挂满了挽联。梅志与子女接受着人们的慰问，她没有掉泪，她始终面带微笑，这样一个隆重的来之不易的追悼会，足以告慰死者了。

"胡风案"是建国第一大案，是最高领袖钦定的铁案，翻这样的案，困难可想而知。胡风案的纠正历经了三次平反八年等待的过程，〔1980年中发76号〕文件是为平反的第一个文件，文件中对胡风这一冤案中央承担了责任，对"胡风反革命集团"这一罪名予以撤消，对凡因"胡风问题"受到株连者，彻底平反。但文件延续了许多当年批判胡风的观点，维持了胡风的五个历史问题："自动退团"、"在国民党省党部任反动职务"、"在剿共军中任反动职务"、"写反共宣传大纲",以及在日本"干了一些不可告人的勾当"。这个留有尾巴的平反文件当时遭到了胡风亲属很大的异议,因胡风在病中,便没有让他知晓。76号文件初步平反的效果还是有的,当年11月北京市高等人民法院撤消了1965年11月的原判,宣告胡风无罪。但76号文件不彻底的"尾巴"也是留有后患的,人民文学出版社向胡风约稿出《胡风文集》,最终降格成了《胡风评论集》,《后记》也被要求按照文件的口径删改,才能得以通过。76号文件的内容大概是1984年才让胡风知悉的,他很生气,决定要申诉,但很快又放弃了,他已对结果不抱希望。1985年6月胡风临终前几天,握着梅志的手说:"不得了啊,他们又在冤枉我,说我干了什么……见不得人的事……我怎么说得清啊?"梅志的心都要碎了,她抚着他的手向他许诺:"你放心,谁也不能再来诬蔑你,往你脸上抹黑了。我会为你说清的。"(梅志《〈胡风传〉后记》)梅志坚守着这个承诺,要为胡风说清楚,她带领着儿女一次次地申诉,要求对76号文件复查。1985年6月8日下午4时零5分胡风带着不甘去了,官方早就拟好了悼词,悼词中对胡风在抗战文艺、革命文艺中的贡献作了肯定,但依旧沿袭了76号文件对历史问题的提法,胡风的家人拒绝了这份悼词。要求修改的悼词迟迟没有结果,胡风的遗体一直躺在医院的太平间里,盖棺不能论定,后事拖了下来。外界开始有了传言,香港的舆论界也有了非议,胡风的老友聂绀弩按捺不住悲愤作悼诗数首,其中一首登载于6月24日的《人民日报》,产生了不小的反响:

　　精神界人非骄子,沦落坎坷以忧死。

千万字文万首诗，得问世者能有几！
死无青蝇为吊客，尸藏太平冰箱里。
心胸肝胆齐坚冰，从此天风呼不起。
昨梦君立海边山，苍苍者天茫茫水。

胡风去世将近两月，家人决定先将胡风"入土为安"，遗体火化不由单位出面，不搞遗体告别仪式，自然也不致悼词。8月3日，家庭式的告别在八宝山殡仪馆举行了，前来送行的除了胡风的至亲，还有"胡风分子"及家属，鲁迅的儿子海婴来了，丁玲的丈夫陈明来了，聂绀弩的夫人周颖来了，冯雪峰的儿子冯夏熊来了……唯一带有官方色彩的文艺研究院的领导不请也来了。胡风化作一缕清烟走了，他安心了吗？

11月，胡风家人的申诉终于有了回音，公安部发布了〔〈85〉公二字第50号〕文件，文件中指出胡风的五个历史问题"现在看来，有的证据不够充足，而胡风是在当时的压力下被迫承认的，有的早已成为不实之词"，因此将1980年《复查报告》中有关上述问题的提法撤消，并通知其家属与子女。这是对胡风的第二次平反。悼词也作了较大的修改，带有贬义的词汇去掉了，在开头"著名文艺理论家、诗人、翻译家、全国政协常委、全国第四届文联委员、中央艺术研究院顾问胡风同志……"之前冠上了"中国现代文艺战士"这一称号。中央指示胡风后事分两步走，先开追悼会，再由中宣部复查解决胡风文艺思想与文学活动中的遗留问题（梅志《胡风传》，783页）。1986年1月15日胡风的正式追悼会在八宝山革命公墓举行，礼堂中摆满了生前好友及敬仰胡风的人们所献的花圈与挽联，家人挑选出一部分保

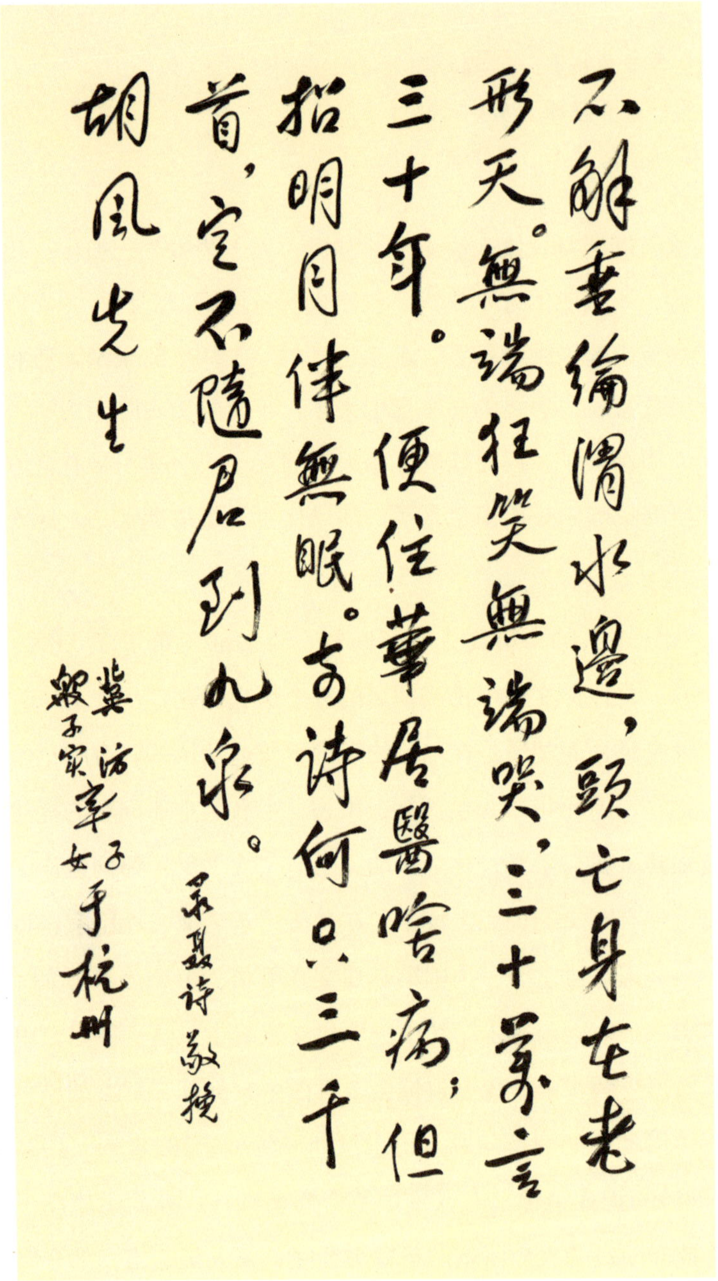

不解垂缌渭水边，颈亡身在老形天。无端狂笑无端哭，三十年言。三十年。便住茅居医啥病，但招明月律无眠。奇诗何只三千首，定不随君到九泉。

冀汸诗 敬挽

毂子家辛女手杭册

胡风先生

冀汸夫妇录聂绀弩诗挽胡风

存了下来。其中一幅，为胡风友人冀汸夫妇录聂绀弩诗：

不解垂纶渭水边，头亡身在老形天。
无端狂笑无端哭，三十万言三十年。

便住华居医啥病，但招明月伴无眠。
奇诗何只三千首，定不随君到九泉。

1988年6月，胡风逝世三周年，终于等来了第三次平反。《中央办公厅关于为胡风同志进一步平反的补充通知》〔中办发〈1988〉6号文件〕对胡风一案从政治上、历史上、文艺思想上、文学活动上推倒了一切不实之词，胡风获得了全面的、彻底的平反。梅志带着家人又一次来到八宝山，把这份红头文件放在胡风灵前，她可以告

2003年胡风家人
在八宝山扫墓

慰胡风了。

鲁迅博物馆《鲁迅研究月刊》编辑部同人送去的挽联，随着胡风遗藏的捐赠回到了本馆。这大概是诸多挽联中最大的一幅吧，长308厘米，宽35厘米，它将鲁迅研究界对胡风——这名鲁迅弟子的哀思与感佩寄于其上："战斗《在混乱里面》，是左翼理论家，斩将搴旗，先生伟矣；腾飞《时间开始了》，做中国革新者，任重道远，后死勉哉。"（《在混乱里面》、《时间开始了》均为胡风作品集）

藏　书

　　胡风一生与书结缘，"他一生酷爱文艺，一心想着编好书，出好书"，晚年的胡风"最高兴的事还是手捧一本新书"（梅志《书香余韵》）。在胡风失去正常生活的时候，书给了他活下去的勇气；在胡风陷入精神崩溃的时候，书唤醒了他迷失的灵魂。书，是胡风如影随形的朋友。

一个有着"鲁迅情结"、"胡风缘"者的赠书

——台湾作家杨逵小说集《鹅鸟的嫁人》

杨逵(1905—1985)，
原名杨贵，台湾台
南人，作家。台
湾新文学奠基人之
一。1932 年发表
日文小说《送报
伕》，后由胡风翻
译成中文介绍给大
陆读者。1935 年与
赖和、杨守愚、吴
新荣等人创办《台
湾新文学》杂志。
因撰写《和平宣
言》，1950 年被判
刑十二年，次年移
送绿岛监狱。1961
年出狱后卜居台中
市东海大学之侧。
1984 年任《夏潮》
杂志名誉发行人。
著有《鹅鸟的嫁
人》、《压不扁的
玫瑰》、《绿岛家
书》等。

《鹅鸟的嫁人》（又译名《鹅妈妈嫁人》）是台湾作家杨逵的小说集，收入四篇短篇小说，即《鹅鸟的嫁人》、《薯作》、《归农之日》、《无医村》，1946年3月由台北三省堂出版发行，是作者用日文写就的。《鹅鸟的嫁人》是本袖珍小书，跻身于胡风许多大部头的日文藏书中，甚不起眼，但翻见扉页留下的作者手迹："敬赠胡风先生　杨逵"，我们可看到台湾与大陆、胡风与杨逵之间的绵绵文学因缘。杨逵是一个有着"鲁迅情结"、"胡风缘"的台湾爱国作家，尽管这册小书封面的色彩逐渐褪去，纸张也脆化发黄，但是有关它的故事却可以讲很多，鲁迅、胡风、杨逵，中国大陆、台湾、日本……

杨逵的鲁迅情结来自于老师赖和。"赖和平生最崇拜鲁迅，他同样是以文学来疗救社会弊病，改造国民精神，一生保持了尖锐抗争的形象，因而被人们誉为'台湾的鲁迅'。"（樊洛平《杨逵与大陆文坛——"鲁迅情结""胡风缘"》。本文写作多蒙樊文相助，谨致谢忱）赖和时任《台湾民报》汉文栏目的编辑，1925年至1930年该报先后转

台湾作家杨逵小说集《鹅鸟的嫁人》（台北三省堂1946年3月版）

《鹅鸟的嫁人》
扉页

《鹅鸟的嫁人》
版权页

发了鲁迅的小说《鸭的喜剧》、《故乡》、《狂人日记》、《阿Q正传》、《高老夫子》，杂文《牺牲谟》、《杂感》，以及翻译自爱罗先珂的《鱼的悲哀》、《狭的笼》，在当时的台湾形成了传播鲁迅思想的第一次高潮。杨逵在1928年左右经常与文友出入赖和家中，看到桌子上常常摆有好几种中文报纸和杂志，这在早已沦为日本殖民地的台湾是很鲜见的。杨逵深受老师人格与文学的影响，1943年1月赖和去世，杨逵在《忆赖和先生》一文中谈到：“一想起先生往日的容颜——当然是透过照片——就会浮出鲁迅给我的印象。”1935年12月台湾文艺联盟机关刊物《台湾文艺》开始分五期连载增田涉的《鲁迅传》，当时的杨逵也是《台湾文艺》的撰稿者，《鲁迅传》的发表杨逵自然也会关注到。1936年10月19日鲁迅逝世，杨逵创办的《台湾新文学》

立即作出反应，次日刊登王诗琅的《悼鲁迅》、黄得时的《大文豪鲁迅逝世——回顾其生涯与作品》，其中王诗琅的文章是在杨逵的提议下写就的，而杨逵正式读"鲁迅"是得自于一次机遇。1937年至日本投降，中文刊物是禁止在台湾发行的，当然包括鲁迅的新文学作品。《鲁迅全集》不论在台湾还是日本都被列为禁书。1938年5月左翼文学青年入田春彦自杀，杨逵受命清理他的部分遗产，杨逵如是说：

> 这位入田先生的遗物中有改造社刊行的《鲁迅全集》（一九三七年二月——八月刊行，全部七卷），由于我被授权处理他的书籍，就有机会正式读鲁迅。"（杨逵《一个台湾作家的七十七年》）

系统地阅读鲁迅，使杨逵更加深入地理解了鲁迅精神与思想。1946年，鲁迅的好友许寿裳赴台任台湾编译馆馆长，发表《鲁迅和青

日文版七卷本《大鲁迅全集》（日本改造社1937年版）。胡风是编辑顾问之一，其中第三、四、五卷由胡风作题解和选文

杨逵译《阿Q正传》（台湾东华书局1947年版）

年》、《鲁迅的德行》、《鲁迅的精神》等文章，出版《鲁迅的思想与生活》一书，在台又一次掀起了传播鲁迅精神的高潮。据统计当时台湾的各大报刊登载以鲁迅为主题的文章多达十八篇，出版鲁迅著作及鲁迅研究著作五种，杨逵也参与其中。1946年10月19日他分别在《中华日报》、《和平日报》副刊上发表中日文诗歌《纪念鲁迅》，在诗歌中他赞道："鲁迅是人类精神的清道夫"，"鲁迅未死／这还听著他的声音／鲁迅不死／我

王禹农译注《狂人日记》（台湾东方出版社1947年版）

永远看到他的至诚与热情"（杨逵《一个台湾作家的七十七年》）。

1947年1月杨逵在《幼春不死！赖和犹在！》一文中再次疾呼："鲁迅不死！" 同月，杨逵又发表了《阿Q画圆圈》一文。也是1947年1月，杨逵编译了《阿Q正传》中日文对照本，并亲自题写卷头语，此书列为中国文艺丛书之一种。杨逵在日治时期的台湾，以文学为武器，对日本殖民者进行了揭露和反抗，由此被捕十次，被人誉为"压不扁的玫瑰花"，杨逵正是从鲁迅的精神与灵魂中找到了共鸣。

胡风早在1935年便翻译了杨逵的日文小说《送报伕》，发表在当时颇有影响的《世界知识》第二卷第六号，1936年4月收入胡风的

鲁迅写于1921年12月的《阿Q正传》手稿

翻译小说集《山灵》，胡风曾于同年5月18日将刚出版的书送到鲁迅处。小说在《世界知识》上初次发表时，胡风曾作过一则《译者序》：

> 台湾自一八九五年割让以后，千百万的土人和中国居民，便呻吟在日本帝国主义的铁蹄之下。然而那呻吟痛苦的奴隶生活究竟到什么程度？却没有人有深刻的描写过。这一篇是去年日本《文学评论》征文当选的作品，是台湾底中国人民被日本帝国主义统治了四十年以后第一次用文艺作品底形式将自己的生活报告给世界的呼声。

蓝青译注《故乡》（台湾现代文学研究会1947年版）。蓝青，即蓝明谷（1919—1951），台湾作家、中共地下党员，生平详见蓝博洲《从福马林池捞起来的诗人》一文

《送报伕》在本土的境遇是不幸的，它最早发表于台湾，只刊出一半就被禁，后投稿于日本，获某左翼杂志征文二等奖（一等空缺），但在台湾仍属被禁之列。胡风对杨逵小说的译介，使大陆的人们开始对台湾同胞的命运与杨逵的作品予以关注，尤其是台湾光复后，有幸到台的大陆作家、文人、学者都要慕名拜访杨逵，杨逵也得以知道了自己的《送报伕》被译成祖国文字，并在大陆传播的情况。他对胡风的知悉也得赖于大陆的朋友。胡风之女晓风撰文介绍：抗战胜利后，尹庚与张禹到台湾谋职，得识杨逵，将胡风的情况介绍给他。张禹在四十年后回忆："杨逵先生对于他的作品能在十年前赢得祖国大陆读者的赞赏，显得十分高兴；对于胡风先生的翻译工作，深表感激。"1946年中文本《送报伕》在台湾第一次出版，这是根据《山灵》排印的，注明译者胡风；因为"第一当时杨逵初学中文，还很不熟练；第二，他尊重胡风并欣赏其译文"（张禹《杨逵·〈送报伕〉·胡风——一些资料和说明》）。杨逵不仅以胡风的译本作为《送报伕》的定本，还决定在台湾光复后，不再用日文写作，他说：

　　　　我早期曾以日文著作。作为一个中国人，我当然想用自己国家的文字写作，但我自幼便一直接受日文教育，根本没有中文的基础。

于是他在年过四十后开始了中文的学习，抛弃殖民化的语言成为杨逵在台湾回到祖国怀抱后的第一个选择。据耿庸回忆，1948年杨逵曾委托他（时在台湾）给胡风寄去《送报伕》与《阿Q正传》的中日对照本各一册。

短篇小说《鹅鸟的嫁人》发表于1942年，作者通过描述鹅妈妈被强嫁一事，来批判日本帝国主义者高唱的所谓"共存共荣"，向往着"不求任何人的牺牲而互相帮助，大家繁荣"的明天。很可惜的是，杨逵签赠胡风的这册《鹅鸟的嫁人》，现已不知有着怎样的一番来历，也许是当年杨逵感于胡风译《送报伕》之谊而隔海相寄的吧。

杨逵（左）1982年与冯牧在美国合影

由于种种原因，杨逵与胡风素未谋面，杨逵将从未踏上中国大陆的土地当作是非常遗憾的一件事，但是他们二人在海峡两地却彼此牵挂着。杨逵曾于八十高龄前往美国，会见了来自祖国大陆的作家代表，并通过他们向胡风转达自己的问候，而胡风于1982年接到一位美国学者的信，得知杨逵还在关注着自己的消息后，"惊喜地叫了：'杨逵还活着？太好了！'并由此感慨良久"（晓风《神交五十年 相见在九泉》）。1985年3月杨逵去世，同月北京举行杨逵纪念会，胡风出席并作《悼杨逵先生》的讲话，三个月后胡风也去世了。胡风生前热切地希望杨逵能够来到大陆观光，热切盼望能够和杨逵会面，这些愿望随着他们的相继离世都化为遗憾，但两岸同胞情谊成就的一段文学佳话，却让我们久久难忘。

胡风身边的童话世界
——梅志童话

《小面人求仙记》、《小红帽脱险记》、《小青蛙苦斗记》是胡风的妻子梅志创作的长篇童话诗集。胡风的藏书中存有《小面人求仙记》三个版本：1943年桂林三户图书社初版、1947年4月上海希望社再版、1952年9月新文艺出版社初版；《小红帽脱险记》两个版本：1951年7月上海华东书店初版、1952年5月新文艺出版社初版；《小青蛙苦斗记》，1951年8月华北天下出版社再版。胡风是个诗人，梅志是个母亲，母亲如何走向了创作儿童诗的道路，应该同胡风这个诗人是分不开的。

立志文学是许多年轻人曾经做过的梦，梅志也是如此。她出

梅志（1914—2004），原名屠玘华，胡风夫人。1932年加入左联，1933年与胡风结婚，协助胡风编辑出版《七月》、《希望》和管理希望社，并一直从事创作。1955年被定为"胡风反革命集团骨干分子"。伴随胡风在劳改农场、监狱度过十多年，给予胡风最大的支持。1980年平反。著有《梅志童话诗集》、《往事如烟》、《胡风传》等。

三户图书社1943
年初版《小面人
求仙记》

生在南国的一个"教书匠"家里，为了买书，她把零用钱一个一个地攒下来。她读了鲁迅的《呐喊》、《彷徨》，美国作家辛克莱的《屠场》，苏联小说《士敏土》，还读过一些历史小说、章回小说，连胡风都说她"读的书倒不少"。后来她成了左联的盟员，再后来成了胡风的妻子。她的眼界更开阔了，开始有系统地看胡风推荐给她的书，开始纠正看书"只追求书中故事情节，不去想其中的人物和思想的毛病"（梅志《胡风传》，262页）。她开始帮助胡风油印刊物、抄稿。耳濡目染下，她也尝试着写作，但自己的努力常常遭到"理论家"丈夫的否定。终于，在1934年梅志二十岁的时候，几经否定的处女作《受伤之夜》在《自由谈》上发表了。文章描写了一个清贫的养蚕女工，因一次事故受了

上海希望社1947年4月再版《小面人求仙记》

新文艺出版社1952年9月初版《小面人求仙记》

伤，血滴在了桑叶上，没有人怜惜她，她还要拿带血的桑叶喂给蚕。胡风给以的评价是：有生活，有人物。"梅志"是她在这篇散文中第一次使用的笔名。之后，1936年她又发表了小说《牺牲者》、《人兽之间》，1938年发表小说《香烟的故事》。但是胡风对妻子搞创作并不看好，不支持梅志写作。1939年，梅志已是两个孩子的母亲，除了在战火的奔波中要照料孩子、操持家务外，还要帮助胡风编辑刊物。一向温顺的妻子终于向丈夫发泄了不满："我不是胡闹。我想过很久，我再不愿拖儿带女地逃难了，我也想自己能做点事。写作不成，去当小学教师总是可以。"（同上，454页）梅志的文学梦遭到了挫折。

梅志在晚年曾回忆：

> 我的文学生涯最早是从创作散文开始的，但一开始并不成功，也得不到胡风的认可。后来转到儿童文学方面，倒获得了好评，这才对创作有了信心，做了下去。（《〈珍珠梅〉后记》）

童话的创作纯属偶然。1941年7月，梅志带着一双儿女回到上海，12月，她将女儿留在上海，携长子返回香港。这样，胡风夫妇带着儿子继续在香港从事抗日文学活动。1942年3月，他们到桂林从事文化活动，梅志十分思念远在上海的女儿，也十分担心在战乱的年代，那些远离父母、投身抗战的青年学生被骗误入歧途。病中大儿子老缠着母亲讲故事，为了排遣儿子的寂寞，她开始给孩子编故事。在孩子"后来呢，后来呢"的追问下，故事就越编越长，越讲越有趣，不仅孩子听得入迷，连胡风和朋友们也都感到饶有兴味，鼓励她写出来。《小面人求仙记》诞生了，它告诫小面人不要上狐狸的当。这部童话长诗发表在《青年文艺》上，受到了读者的欢迎，难得的是也受到了胡风的赞许。1943年，《小面人求仙记》自费由桂林三户图书社出版。梅志在扉页上题词："给——远离了我的我的小女儿，和一切远离了父母的孩子们。"木刻家温涛设计封面，并绘制多幅插图，胡风专为这本书撰写了广告词：

　　一个偶然跳到世界上来的小面人，她赞美自由的人生，她追求远大的理想，她跳过了一重重的灾难后，终于在一个自傲自满的疏忽中间造成了一个悲剧。这是传说的故事，但作者用真切的感觉，和现实的内容给予了活活泼泼的生命，故事生动，诗句更像童心一样的活泼、纯真，能启发小读者们的感觉力和认识力，而寓意的深长也值得大读者们一读。

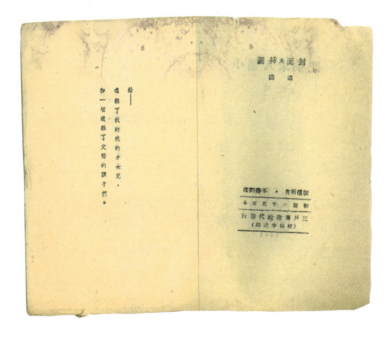

三户图书社1943年初版《小面人求仙记》版权页、扉页

1949年5月，梅志在上海创作了《小红帽脱险记》，当年9月29日开始在《人民日报》连载了十一天，不久广播电台也开始了转播，1950年由上海作家书屋出版。这篇童话诗是梅志"在深夜给小儿子喂奶后，慢慢酝酿写成的。故事是感人的，母亲的心情都在诗的语言中流露了出来，她希望自己的孩子能成为勇敢而有智慧的好孩子"（梅志《胡风传》，572页）。1950年5月，她又创作了长篇童话诗《小青蛙苦斗记》，长诗歌颂了新一代热爱祖国、热爱劳动，向往未来、敢于斗争的精神。50年代初期，她还创作了《小三子和小车子》、《三根跳纱打了脚》、《王有福和小黑腿》、《星期劳动》、《小三子和小木枪》等一系列作品，深受孩子们和成人读者的欢迎。她的代表作《小面人求仙记》、《小红帽脱险记》、《小青蛙苦斗记》被多家出版社再版，还被改编成连环画、童话剧。梅志的童话创作达到了顶峰。我们不由想起了鲁迅，在那个"吃人"的年代，为了"救救孩子"，他将外国童话小说《爱罗先珂童话集》、《桃色的云》、《小约翰》、《表》、《俄罗斯的童话》介绍到了中国。在梅志之前，人们"一说起好书，就想到外国的童话"（鲁迅《〈表〉译者的话》），"中国制造"的童话还不多有，而梅志用一颗童心为中国的少年儿童编织了一篇又一篇童话。后来，胡风曾这样评价梅志的童话创作：

上海华东书店1951年7月初版《小红帽脱险记》

天下出版社1951
年8月再版《小青
蛙苦斗记》

你虽然写了点什么，但你不是以什么作家身分写，而是以一个青年母亲的身分写的。……你的语言是青年母亲的语言，是儿童和老母亲之间的语言，幼稚一点，但没有存心骗人，存心唬人，或存心媚人的感觉，你只是想凭单纯的愿望向你用血肉喂养的孩子们诉说一点平凡的单纯的欢喜或悲哀，希望他们少点苦难，多点纯洁、聪明和坚强。（1965年9月9日上午——9月11日上午致梅志信）

　　紧接着，焕发了创作热情的梅志又写出了童话《听来的童话》，但因故没有发表。1952年5月《小红帽脱险记》最后一次由上海新文艺出版社出版，不久梅志的创作便因"胡风案"戛然而止。

　　迈入老年的梅志曾自喻是"儿童文学领域里的一颗'流星'，匆匆而过，落在了黑暗中与人世隔绝二十余年"，可喜的是三十年

新文艺出版社1952
年5月初版《小红
帽脱险记》

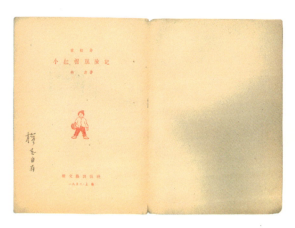

后"流星"再一次发出光芒，她重新执笔书写了一系列回忆录，创作了许多新的童话故事。1984年《小面人求仙记》、《小红帽脱险记》、《小青蛙苦斗记》结集为《梅志童话诗集》，由湖南少年儿童出版社出版。2001年梅志87岁，被选为中国作协第六次全国代表大会代表，并当选为主席团成员。胡风也许没想到，当年依偎在自己身边的那个一脸羞涩的妻子，终于成了一个大作家。

湖南少年儿童出版社1984年3月版《梅志童话诗集》，收入《小面人求仙记》、《小红帽脱险记》、《小青蛙苦斗记》

　　胡风的一生带有浓厚的悲剧色彩，妻子梅志却在他的身边营造了一个理想的童话世界。在这个童话世界里，梅志让胡风看到了理想，看到了希望，并最终走出了牢狱。聂绀弩送给梅志一个评价——"天使"，诗人胡风曾献给"天使"般的妻子一首诗《我等着你》：在天昏地暗的日子／我们在这条路上走过／在受难者们中间／我们的心正在滴血／滴在荆棘上／滴在尘沙里／当我的血快滴干了／我吸进了你的血温／我吸进了你的呼吸／我又长出了赶路的勇气／……

一篇"讲话"引发的罪与罚

——《在延安文艺座谈会上的讲话》

胡风藏书内有《在延安文艺座谈会上的讲话》的三个读本，即：1944年4月解放社编辑出版的《整风文献》第三版，收入《在延安文艺座谈会上的讲话》；1949年5月新民主出版社刊行的《论文艺问题》（即《在延安文艺座谈会上的讲话》）；1949年6月解放社再版的《在延安文艺座谈会上的讲话》。这三个读本的《讲话》都留有胡风的手泽，他是认真读过的，但胡风本人当初决不会想到，对《讲话》部分观点的个人化的理解会成为多年之后"胡风反革命集团"案的罪责之一。

延安文艺整风运动是针对当时延安文艺界存在的一些问题发起的。抗战初期，延安在很短的时间内便聚集了数以万计的革命青年和知识分子，他们给延安的文艺界带来了勃勃生机，但同时也带来了诸多的问题。毛泽东当时就指出，很多同志"是从上海亭子间来的；从亭子间到革命根据地，不但是经历了两种地区，而是经历了两个历史

《整风文献》订正本（解放社1944年4月三版），收入《在延安文艺座谈会上的讲话》

《在延安文艺座谈会上的讲话》（解放社1949年6月再版）

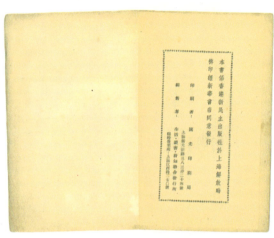

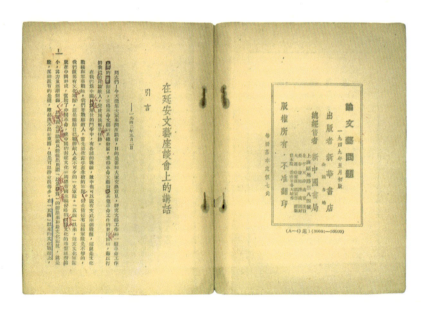

《论文艺问题》
（新民主出版社
1949年5月初版）

时代"，革命根据地是人民大众当权的时代，与以往文艺宣传的对象完全不同，因此在延安文艺界存在着"很多唯心论、教条主义、空想、空谈、轻视实践、脱离群众等等缺点"，因此，"需要有一个切实的严肃的整风运动"（艾克恩《延安文艺运动纪实》）。文艺整风是以延安文艺座谈会为标志的，1942年5月2日第一个座谈会毛泽东作了"引言"部分的讲话，5月16日召开了第二个座谈会，5月23日最后一次座谈会毛泽东作了"结论"部分的讲话，后来收入《讲话》的就是"引言"与"结论"两部分。《讲话》突出解决了文艺工作者应

1942年延安文艺座谈会合影（局部）。后排左起第五人为萧军

该"为什么人"与"怎样为"的问题，即我们的文艺必须是"为人民大众的，首先是为工农兵的"，文艺工作者"必须和新的群众相结合，不能有任何迟疑"。

《讲话》当时被延安的媒体高度评价，认为是创造性地继承和发展了马克思主义的文艺思想。1943年10月19日鲁迅的忌日，《讲话》首次在延安的《解放日报》发表；10月20日中央学委发出学习《讲话》的通知；11月7日中央宣传部在《关于执行党的文艺政策的决定》中强调"《讲话》精神适用于文化部门和党的工作部门，不仅是解决文艺观、文化观的材料，也是解决人生观、方法论的材料，要普遍宣传"。《讲话》也很快传到了国统区的重庆，1944年元旦《新华日报》发表了《讲话》的三个提要，并随发了编者按；同年4月延安派来了何其芳、刘白羽向重庆的文艺界传达《讲话》精神；时在重庆的周恩来、董必武多次召开会议介绍延安整风的情况与取得的成就，并组织进步人士学习《讲话》。应该说胡风此时是认真学习了《讲话》的。在他持有的《整风文献》这本书的《讲话》一文中，他作了许多划线，在他认为重要的段落顶部，还标上大红圈，一些页码被折起，从书中红、蓝、黑三种铅笔标记推断，他至少读过三次。本书收入的其他整风文献二十一篇，却没有留下看过的痕迹，可见胡风对《讲话》的重视程度。作为一个党外人士的他，对《讲话》"不是当作党内文件来学习，而是作为一种文艺观点来体会的"。在一次相关座谈会上，他根据《讲话》中的一句"根据地文艺工作者和国民党统治区文艺工作者的环境和任务的区别"，提出了自己的理解：

在国民党统治下面，文艺工作者的任务应该是怎样和国民党的

反动政策和反动文艺以至反动社会实际作斗争，还不是，也不可能是培养工农兵作家。（梅志《胡风传》，491页）

这是一个"不识时务"的发言。不仅如此，他还作出了"不识时务"的举动。1945年1月，胡风在他主办的《希望》杂志第一期上，发表了遭到左翼文化界非议的舒芜的《论主观》，第二期又发表了舒芜的《论中庸》。对于这两篇论文，胡乔木曾有过概括："毛泽东同志说过：唯物论就是客观，辩证法就是全面。而你的《论主观》恰好是反对客观；你的《论中庸》恰好又是反对全面。"（胡学常《胡风事件的起源》）文章是别人写的，但账算在了胡风身上，这些后来都被列入胡风反《讲话》的活动中。胡风的"一意孤行"也曾引起注意，从延安来的何其芳、刘白羽"与胡细谈几次，其实是打招呼，胡仍有抵触情绪，'拘泥'地认为这只是理论问题、学术问题、文学问题，自以为其文艺思想本于马列经典，真理在握，是没有什么错误可言的"（周正章《胡风事件五十年祭》）。胡风的"不和谐"甚至惊动了周恩来。在《论主观》发表

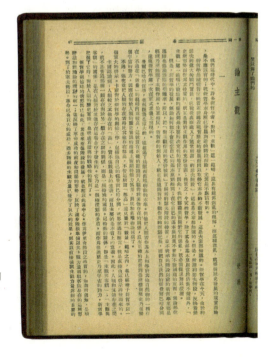

1945年1月，《希望》第一期发表舒芜的《论主观》，为日后的"胡风案"埋下了伏笔

后，周曾找胡谈过一次话，据胡风回忆，谈话中心有两点：

一是，理论问题只有毛主席的教导才是正确的；二是，要改变对党的态度。（《胡风回忆录》，337页）

这两点实际是对胡风的政治前途敲响了警钟，但不谙政治的他却以为周的谈话是对他的肯定，紧接着发表了《论中庸》。更加引起关注的是，胡风对他的文艺理论的坚持，形成了以他为核心的"七月派"。

中共中央一直没有停止对胡风文艺思想的"纠正"：1948年在香港中共组织多人撰文点名批评胡风的文艺观点与毛泽东《讲话》的对立。胡风则以长达十万字的《论现实主义的路》提出反批评。1949年7月在北京召开全国第一次文代会，这次大会是一次高擎《讲话》旗帜的大会，胡风本是国统区文艺报告起草人之一，但因意见的不统一而"坚辞"。他受命为大会作祝词，题为《团结起来，更前进》，在文章中他只强调了团结，而只字未提《讲话》。郭沫若与茅盾在大会发言中都对胡风进行了不点名的批评。1951年1月胡乔木约见胡风，12月周恩来约见，1952年4月周扬也访见了胡风，"这三位毛身边的人都不同程度地对胡的不合作、'抽象地看党'提出批评，而胡则没有认错检讨的表示"（周正章《胡风事件五十年祭》）。其实在这几年间，不知胡风又认真学习了多少遍《讲话》，在他存有的1949年版的两个单行本中可以看到，书中不仅有红蓝两色笔划线，还有诸多的眉批和边注，有的章页甚至已经写满。在纪念《讲话》十周年时，胡风撰写了新中国后的第一篇论文《学习，为了实践》，这是学习《讲

《论文艺问题》内页

階級方面，或者換句文雅的話說，他們的靈魂深處還是一個小資產階級的王國。這樣，爲什麼人的問題他們就還是沒有解決，或者沒有明確地解決。這不光是講初來延安不久的人，就是到過前方，在根據地八路軍、新四軍做過幾年工作的人，也是沒有徹底的解決。要徹底解決這個問題，非有十年八年的長時間不可。但是時間無論怎樣長，我們卻必須解決它，必須明確地徹底地解決它。我們的文藝工作者一定要完成這個任務，一定要把屁股移過來，一定要在深入工農兵、深入實際鬥爭的過程中，在學習馬列主義和學習社會的過程中，逐漸地移過來，移到工農兵這方面來，只有這樣，我們才能有眞正爲工農兵的文藝。

爲什麼人的問題，是一個根本的問題，原則的問題。過去有些同志間的爭論、鬥爭、對立、不團結，並不是在這個根本的原則的問題上，而是在一些比較次要的甚至是無原則的問題上。而對於這個原則問題，爭論的雙方倒是沒有什麼分歧，倒是幾乎一致的，都有某種程度的輕視工農兵、脫離羣衆的傾向。我說某種程度，因爲一般地說，這些同志的輕視工農兵、脫離羣衆，與國民黨的輕視工農兵、脫離羣衆，是有些不同的，但是無論如何，這個傾向是有的，這個根本問題不解決，其他許多問題也就不易解決。譬如說文藝界的宗派主義吧，這也是原則問題，但是要去掉宗派主義，也只有把爲工農、爲八路軍、新四軍、到羣衆中去的口號提出來，並加以切實的實行，才能達到目的，否則宗派主義問題是斷然不能解決的。魯迅曾說：革命文藝戰綫的不統一是因爲缺乏共同的目的，而這個共同目的就是爲工農。這個問題那時上海有，現在重慶也有，在那些地方，這個問題很難徹底解決，因爲那些地方有人壓迫革命文藝家，不讓他們有到工農兵羣衆中去的自由。在我們這裏，情形就完全兩樣，我們是鼓勵革命文藝家積極地親近工農兵，給他們以到羣衆中去的完全自由，給他們以創作眞正革命文藝的完全自由，所以這個問題在我們這裏，是接近於解決的了。接近於解決不等於完全的徹底的解決，我們說要學習馬列主義和學習社會，就是爲着完全地徹底地解決這個問題。我們說的馬列主義，是羣衆生活羣衆鬥爭裏完全適用的活的馬列主義，不是單單書本上的馬列主義。把書本上的馬列主義移到羣衆中去，成了活的馬列

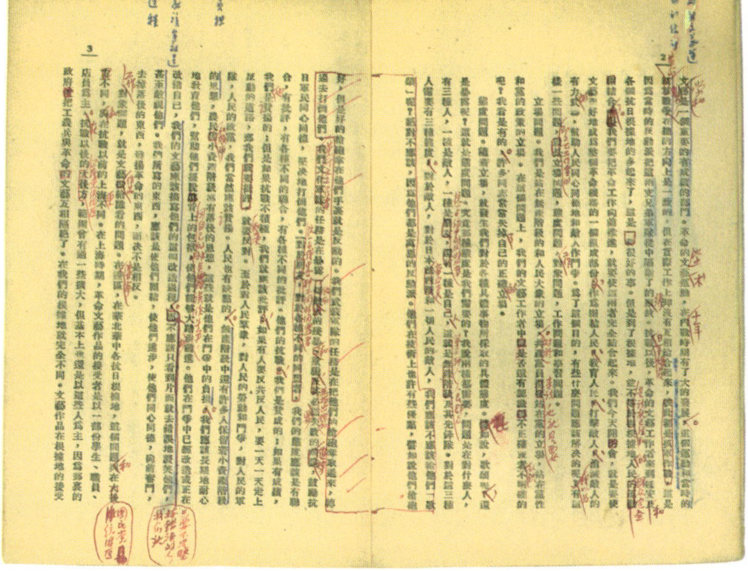

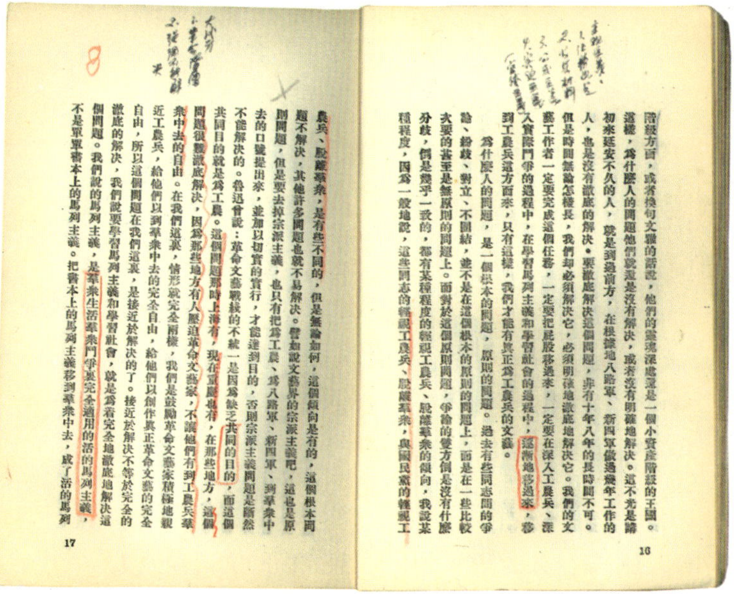

《在延安文艺座谈会上的讲话》内页

话》的心得，但是文章被拒绝发表。反复地学习《讲话》，他得出的结论依旧是：

> 我是把《在延安文艺座谈会上的讲话》看成和毛泽东文艺思想整体相连的部分，不能教条式地应用。(胡风《关于解放以来的文艺实践情况的报告》)

"执迷不悟"的胡风上书三十万言后，终于以"反革命罪"入狱，其中，"他的文艺思想和主张有许多是错误的，是小资产阶级的个人主义和唯心主义世界观的表现"是诸罪之一。

1966年7月毛泽东的《讲话》重新发表，时在四川的胡风被要求表态，一份"欢呼"的思想汇报交上去了，文章除了"欢呼"、"拥护"就是"万岁"，那个执拗地坚持自己的文艺观点的胡风似乎不见了。他在此时也看不懂了，昔日代表"正确"文艺路线的一些人也被拉出来示众了，他不知道文艺界到底发生了什么。

1988年6月《中央办公厅关于为胡风同志进一步平反的补充通知》中对胡风的文艺思想给出了最终的结论：

> 对于胡风同志的文艺思想和主张，应按照宪法关于学术自由、批评自由的规定和党的"百花齐放，百家争鸣"的方针，由文艺界和广大读者通过科学的正常的文艺批评和讨论，求得正确解决，不必在中央文件中作出决断。

这个胡风盼望已久的学术自由、批评自由的文艺春天似乎终于来临了。

泥土社与禁书

　　胡风一生著译颇丰，与泥土社有着不浅的交情。他存有泥土社出版物九种，其中三种是自己的译著，即译作《棉花》、著作《文艺笔谈》与《剑·文艺·人民》。泥土社因胡风而遭查封，这三种书也因胡风一度成为禁书。

　　胡风是个文艺理论家，40年代已奠定了在文艺界的地位，他不仅笔耕不辍，还自办出版发行，除了众所周知的《七月》、《希望》外，1942年在桂林成立了南天出版社，1946年在上海自办了希望社。到40年代中后期，他所帮助、扶持过的青年作家与诗人许多也转入了出版界，应该说，胡风要发表作品或推荐作品是不难的，尤其是在上海。上海的泥土社就是登门结下的这份"胡风霉运"。据有关资料记载，泥土社的存续时间为1948年10月至1955年，注册经理为应非村，实际上它是一个同人私营出版社，社内同人有尹庚、张禹、胡今虚、应非村、许史华等（后尹庚离开，许史华为老板）。据时为社内总编辑的张禹介绍，为了泥土社的生存和发展，他和尹庚去拜访过几位作家，包括胡风。那是在1950年的春天，他们来到胡风在上海的永康

泥土社1950年10月初版《剑·文艺·人民》

泥土社1950年10月初版《剑·文艺·人民》初版扉页

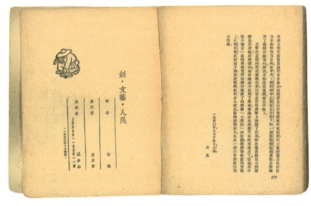

泥土社1950年10月初版《剑·文艺·人民》版权页

路寓所。第一次见面谈的不多，在此后的两三年中，胡风不常住上海，但只要在，他们常去看望胡风。张禹在谈到胡风给他留下的印象时说：

  我在胡风身上看到了鲁迅所称许的"鲠直"品格。这在当时是不合时宜的，并且已笼罩着一种愈来愈浓重的悲剧色彩；但因此就格外突出，使朋友们为之焦虑，又被强烈地感染和吸引。（张禹

《我与胡风——他的品格对我的影响比理论有力得多》)

当然泥土社与胡风的交往主要是出版事务，第一次约稿拿回了胡风琐记1946年2月17日至25日、1948年12月9日生活的《人环二记》，这虽然不是他的重要著作，却是一部严肃认真的书稿。张禹回忆：

> 从此以后，胡风陆续把他的几本旧书稿和《七月诗丛》等交泥土社重版发行。大约在1954年上半年，他的几本文学评论集都印行了新版本，为这件事出力最多的许史华，后来竟在运动中付出了生命！（同上）

据不完全统计，泥土社出版的胡风译著有《人环二记》、《剑·文艺·人民》、《论现实主义的路》、《棉花》（须井一著）、《文艺笔谈》、《人与文学》（高尔基著）。

泥土社与胡风的这种正常交往，却给他们带来了灭顶之灾。1955年，胡风祸起，有人提出泥土社是胡风办的，事实并非如此。在泥土社短暂的生涯中，出版了几百种书，汇集了各路作家与翻译家，有些作者与作品并不被胡风这位评论家赏识，一些作者也不屑于被胡风赏识。即使这样，泥土社、它的同人、它的作者们也都没能逃过"胡风案"的株连。张禹1955年被定为"胡风骨干分子"，1957年又被划为右派；最为悲惨的是许史华，梅志在回忆这个"很能干老练，也有头脑"的泥土社老板时，不禁唏嘘：

> 胡风案发时，他受牵连被捕。十年后出狱时，出版社连同老婆

都不见了，只留下空空的一间大房子，原来妻早已带着他的财产改嫁了。他跑去找她，想看看自己的小女儿，但却被妻的后夫斥出，心灰意冷之际，吊死在那空屋子里了！呜呼，只因出版胡风等人的书，白白送掉了一条命！（梅志《胡风传》，584页）

这时的许史华才四十多岁，梅志或许还记得1953年8月，胡风举家迁京，许老板还在上海淮海路大同酒家为胡风把盏饯行呢！此外，如吴奔星、卫俊秀，因曾在泥土社出版过自己的著作《茅盾小说讲话》、《鲁迅〈野草〉探索》，而被打成"胡风集团嫌疑分子"、"胡风反革命集团成员"。

1955年7月28日，中央宣传部向全国下发了《关于胡风及胡风集团骨干分子的著作和翻译书籍的处理办法的通知》，内中云：

胡风和胡风集团骨干分子的著作和翻译的书籍，一律停止出售和再版；其中翻译部分的书籍如需出版，必须另行组织重译。公共图书馆，机关、团体和学校的图书馆及文化馆站中所存胡风及胡风集团骨干分子的书籍，一律不得公开借阅，但可列入参考书目。由高等教育部及教育部负责清查在教科书及教学参考书中所采用过的胡风及胡风集团骨干分子著作的情况，并根据上述原则迅速提出处理办法。

北京鲁迅博物馆存有一份当年8月12日文化部下发的《关于胡风及其骨干分子的著作和翻译的书籍的处理意见》通知，内容与此基本一致，另附《应停售、停版和停止借阅的胡风及胡风集团骨干分子的图书目录》两页及"勘误通知"一页。从此上述所列书籍迅速地从各

1955年8月12日文化部下发的《关于胡风及其骨干分子的著作和翻译的书籍的处理意见》通知

《通知》所附《应停售、停版和停止借阅的胡风及胡风集团骨干分子的图书目录》（第一页）

耿庸：「从魔窟看台湾」、「论战争贩子」、「阿Q正传」研究」（以上是泥土社出版）、「他就是你的仇人」（文化工作社出版）。

牛汉：「祖国」（五十年代出版社出版）、「采色的生活」（泥土社出版）、「在祖国的面前」（天下出版社出版）、「爱与歌」（作家出版社出版）。

贾植芳：「暴风雨岸然寄森而至」（泥土社出版）。

化铁：「住宅问题」（恩格斯著）、「契诃夫戏剧艺术」（巴普哈普著）、「契诃夫手记」（契诃夫著）（以上是文化工作社出版）、「浅极园」（契诃夫著）、「契诃夫与艺术剧院」（史坦尼斯拉夫斯基著）、「别林斯基远集」（第一卷、第二卷）（以上是人民文学出版社出版）、「别林斯基美学中的典型问题」（安德烈夫著）、「文学的战门传统」（以上是新文艺出版社出版）。

吕荧：「莱甫蕴尼·奥涅金」（普希金著，人民文学出版社出版）、「仲夏夜之梦」（莎士比亚著，作家出版社出版）、「列宁论作家」、「关于工人文学」（以上是新文艺出版社出版）。

徐放：「绿绮聚」（作家出版社出版）、「野狼谖」（五十年代出版社出版）。

《图书目录》勘误通知

泥土社版《棉花》

个图书馆、资料库、书店、学校销声匿迹，胡风家的藏书也随着他的被捕而没收。我们现在看到的胡风藏书是平反后发还的，它们竟因祸得福，躲过了被焚毁的命运。泥土社出版的译著《棉花》，著作《文艺笔谈》、《剑·文艺·人民》这三种就是如此。

《棉花》为日本普罗作家须井一所著，胡风译于1936年。这个中篇小说描写的是"一个工人家庭的困苦、悲剧、觉醒和顽强地参加了斗争的故事"（《胡风回忆录》，44页）。小说译出后先在《译文》上发表，成书却一波三折，经过了多次国民党文化部门的审查，又经过了上海、香港沦陷的战火，直至1946年5月才由上海新新出版社出版。胡风在写于1945年12月9日的书前再序中指出："日本终于失败了，我们从这里可以看到一点失败的根源，但最重要的是，日本的

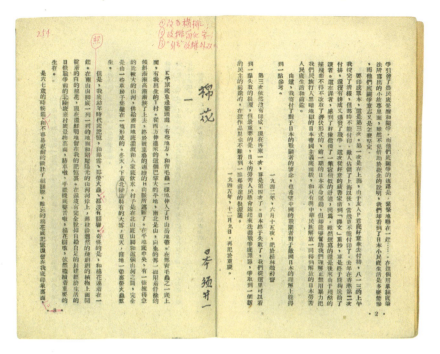

泥土社版《棉花》
内页

劳苦人民总会站起来洗尽战争底罪恶，争取到一个新的民主的前途
的。"泥土社的这个《棉花》版本应该是重版，但是没有版权页，故
而不知出版时间。书中内页多处有红笔校改，正文首页有红笔手迹：
①改横排；②改排简化字；③"引号"改排外双□。书中页码都用红
笔重新排序。据胡风之女晓风介绍，人民文学出版社1986年3月出版
《胡风译文集》时，此书曾用作底本，书内红笔标记可能是《胡风译
文集》的编辑人员所为。

　　《文艺笔谈》是胡风批评论文集之一，收入胡风的文艺评论1934
年的若干篇，1935年的全部，最早由上海生活书店1936年4月出版，
又有1942年国光社重排版，1951年泥土社重排版。我们看到的这册是

泥土社1951年10月再
版本《文艺笔谈》

泥土社1951年10月再版本。封面及书内多处有"北京第四中学图书馆注销章",当是该校下架的禁书,所幸只是"注销",而不是"销毁"。

《剑·文艺·人民》是胡风批评论文集之三,收入胡风自抗战到皖南事变这一时期的评论,原书名为《民族战争与文艺性格》。最早由桂林南天出版社1943年出版,1950年由上海泥土社重排出版。胡风存有泥土社两个版本,一为1950年10月初版本,平装;一为1953年4月第三版,黑皮精装。胡风在作于1943年2月10日的序中说:

> 对于崇高的死者,这里寄寓了诚恳的追悼,对于忠贞不渝的生者,这里寄寓了怀念的问讯,对于穿捷径而去的黠者,这里也寄寓了决绝的告别。

在抗日的血与火中成长
——《七月》与《希望》

　　"中国的革命文学是和反抗日本帝国主义的斗争（五四运动）一同产生，一同受难，一同成长的。"这是《七月》半月刊"代致词"《愿和读者一同成长》中的话，胡风主编的《七月》、《希望》正是在抗日的烽火中孕育而生，在抗日的血雨腥风中成长壮大，胡风最辉煌的编辑生涯也正是在这个时期。胡风保存了全套的《七月》与《希望》，包括《七月》周刊、半月刊、月刊及《希望》。从《七月》、《希望》走出了一批批青年作家、诗人、文艺理论家，他们在现代文学史上形成了一个"七月"流派。

　　《七月》周刊创刊于1937年9月11日的上海，为纪念"七七"事变而得名，刊名采集鲁迅手迹。周刊是报纸折成的十六开本，一共只出了三期，至9月25日终刊。周刊的主题是抗日，发表的作品有曹白、萧军、萧红等的散文，艾青、胡风等的诗作，李桦、野夫等的木刻。这些作家、诗人、木刻家当时都已小有名气。第三期还刊登了鲁迅之子海婴的《打日本》儿童诗："同胞起来/背着枪/拖着炮/上前

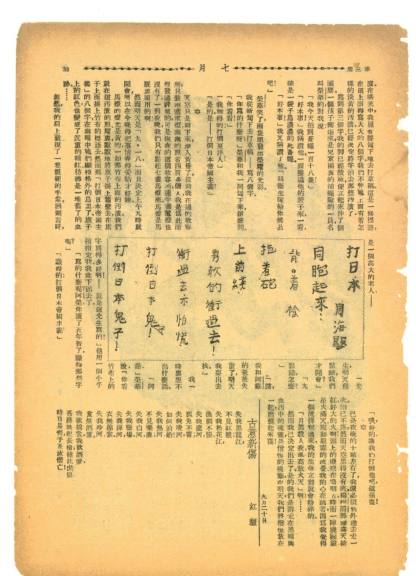

《七月》周刊第三期上刊载鲁迅之子周海婴的儿童诗《打日本》

线/勇敢的冲过去！/冲过去，不怕慌/打倒日本鬼子！/打倒日本鬼子！"那时的海婴只有八岁，这首诗大概可算他的处女作了吧。小周刊得到了"饥渴中的读者的欢迎"（《胡风回忆录》，76页）。

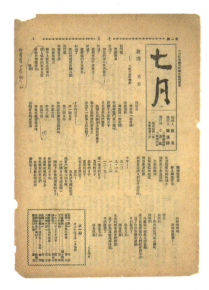

《七月》周刊创刊于1937年9月11日的上海，共出三期

《七月》半月刊创刊于1937年10月16日的武汉，终刊于1938年7月16日的第三集第六期，共计十八期。胡风认为《七月》是份"半同人"杂志，这表现在征稿工作的公开性，尽量地团结思想上有共鸣的作家，尽量地寻求新的作家。这个方针的确立，使《七月》周围很快便聚集起了一批抗战烽火中出现的新人。很多作者是第一次投稿或刚开始写作，胡风注重的是作品能够反映现实，能够来自于战时的生活、战斗的场面，很快战地散文、行军通讯、报告文学等纷纷在《七月》上占据了主导，涌现出了许多年轻的现实主义作家。胡风在谈到这个时期的《七月》时曾列举了几个突出的作者：丘东平有海陆丰农民运动的经历，有新四军战地生活的体验，他以报告文学的形式发表的《第七连》、《我们在那里打了败仗》、《我认识了这样的敌人》、《向敌人的腹背进军》，"表现了战斗的艰苦和战士们悲壮的英雄主义，也表现了沉痛的失败和正视失败，汲取教训的大勇精神。它们在读者中间所产生的

《七月》半月刊创刊于1937年10月16日的武汉

胡风夫妇与晓谷
1938年在武汉

影响是巨大的"（同上，100页）。曹白是遭受过国民党特务迫害的青年美术家，战争一起，他扔下画笔，拿起钢笔，以他在难民收容所和参加救济工作的经历为素材，写下了报告散文。阿垅参加过十九路军的上海保卫战，他根据自己的亲身经历，以笔名S.M.写下了《闸北打了起来》、续篇《从攻击到防御》，胡风称赞这两篇文字是"抗战初期的忠实的记录之一"。诗歌是以艾青和田间为代表的，胡风称它们为战歌。这个时期

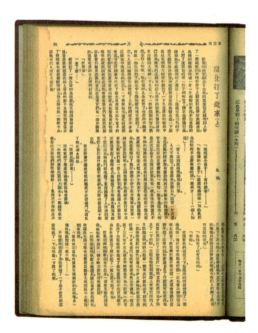

阿垅的战地报告文学《闸北打了起来》连载于《七月》第三集第三期、第四期

的小说创作略显单薄，胡风晚年曾提起丘东平的《暴风雨的一天》、《一个连长的战斗遭遇》和黄既（黄树则）的小说。另外，1938年3月1日的《七月》第二集第四期发表了来自延安的作品——大漠记录的《毛泽东论鲁迅》，这是第一次在国统区发表共产党领袖对鲁迅的评价，因而受到了读者的关注。《七月》引领了受尽

苦难的人民的呐喊，鼓舞了人民反抗侵略者的斗志，一些作者在胡风的帮助下奔赴了延安，如黄既、阿垅。可以说，《七月》、作者、读者在抗战中一同成长。

《七月》月刊创刊于1939年7月的重庆，终刊于1941年9月第七集第一、二期合刊（期号接续半月刊），共计十四期。月刊复刊于重庆大轰炸不久，得到

大漠记录的《毛泽东论鲁迅》刊于《七月》第二集第四期，这是第一次在国统区发表共产党领袖对鲁迅的评价

了周恩来的帮助。胡风在复刊词《愿再和读者一同成长》中说：

> 战争前进了，文艺运动前进了，我们当然希望《七月》能够更健康，更有力量，但同时也明白地知道，它不过是整个文艺战线上的堡垒之一，无论它的影响如何，在关联的形式上它只能是一个小岗位。这样说，并不是我们没有取得广大的作家底合作的愿望——事实恰恰相反，《七月》正是在许多作家底协力和读者底参加下面产生，成长的……

新的《七月》开始转向反映抗战的艰难和人民当时的困苦，抨击国民党的反动统治及颂扬解放区的新人新事。第一期编发了反映重庆大轰炸的三篇特写，集中登发了来自游击区、解放区的作品，如曹白的《在敌后穿行》、丁玲的《警卫团生活小景》等。白危的《毛泽东

白危的《毛泽东断片》刊于《七月》第四集第一期

断片》是继《毛泽东论鲁迅》后又一篇有关共产党领袖的文章，这为困守在国统区的人们提供了一个了解延安、了解共产党领袖的窗口。在这个时期涌现出了优秀的小说家路翎，这个二十多岁的年轻人，以他对生活的敏锐观察和与生俱来的文学天赋，引起了众人的瞩目。

《希望》创刊于1945年1月的重庆，终刊于1946年10月18日的上海，共计八期，合为二集。《希望》的出世颇为艰难，本来他们要登记注册的是《朝花》杂志，但被国民党社会局"缓出"了，他们换上了《希望》，寓意为：希腊神话中潘多拉的盒子不慎打开后，各种祸害都飞出来了，赶紧盖上，留下的还有希望与那胆小的"幻想"。现在决定以"希望"为名，表示他们还留下了"希望"和"幻想"。带着希望与幻想，他们一年后等到了登记证。胡风回忆，《希望》的出版得到了时在重庆的周恩来的资助。这个时期路翎的小说创作达到了颠峰，第二、四、八期都特辟版块以刊登路翎的小说集，胡风每每谈起，常常引以为豪。"《希望》继承了《七月》的现实主义传统，但和《七月》有些不同，它发表了一些思想理论方面的文章，不是纯文艺性的了"（胡风《关于〈七月〉和〈希望〉的答问》）。我们在前面提到过，《希望》第一期发表了舒芜的论文《论主观》，第二期又发表了舒芜的《论中庸》，这两篇文章让胡风引火烧身，成为他一大罪状。胡风有着湖北人倔强的脾气，做事从不言悔，只有这件事他悔恨终身。

胡风夫妇与孩子们
1939年在重庆

　　《希望》出到第七期（第二集第三期）已是1946年的7月，抗战胜利后的第一个"七七"纪念日，《希望》辟出了专栏以悼念为胜利牺牲的战士——丘东平们。编后记说：

　　　　但吃了"胜利"的果实以后，回头来回忆一次那些牺牲者，回忆一次他们底牺牲精神所包含的民族解放战争底神圣的目标和苦痛的历程，那意义是庄严的，对于置身在抗战结束了以后的这一代的中国人，决不只是向着过去的追悼而已。

　　抗战结束了，《希望》也于10月份结束了它的历史使命。《七

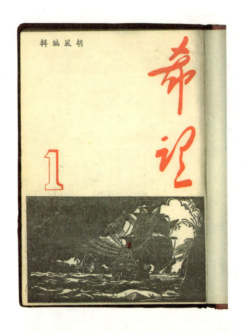

《希望》创刊于1945年
1月的重庆

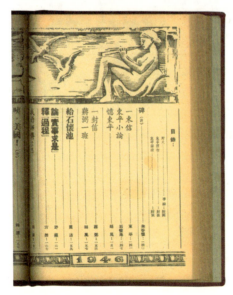

《希望》第七期
辟专栏刊载纪念
丘东平等烈士的
文章

月》与《希望》是"半同人"
杂志，胡风与许多作者后来成
了"同道"，这些"同道们"
又因为胡风而被绑在了同一驾
刑车上，经受着政治的拷问。
当然，这些已经过去，应该还
原的是《七月》与《希望》曾
经是投向日本帝国主义的"投
枪"、"匕首"，胡风与他的
"同道"曾经是活跃在抗战中
的真诚的文化战士。

书　信

　　书信，最具私密性与真实性，它是个人感情与心态的赤裸表露，是社会现状撞击到人的内心反应，因此它如实地记录了历史，记录了曾经发生的种种原始细节，而胡风所藏书信更具有这个意义。说它是历史再现也好，说它是"反革命"证据也好，我们从中得知"历史的经验值得注意"。

四十八封书信见证五十年友谊
——萧军致胡风

　　摆在我们面前的是萧军致胡风的四十八封书信，时间跨度为1938年2月至1979年12月，其中1938年到1946年是四十三封，曾被作为"胡风反革命证据"封存于公安部，并被专案组"认真负责"地进行了整理、粘贴、编号。1966年到1979年是五封，其中四封留存有信封，信封上的收信人均为屠琪(玘)华。从这些信件的内容看，胡风应有与之对应的来往书信，但胡风致萧军信现仅发现40年代的七封，应保存于萧军家属手中。

　　胡风与萧军的相识是鲁迅引见的。我们讲到过，1934年12月19日鲁迅在上海四马路梁园请客，一为向大家介绍刚由东北沦陷区来的萧军、萧红，二为庆贺胡风"得子"，胡风因得信迟误，错过了这次见面。几天后，胡风拿着鲁迅给的地址找到了他们，由此衍生了一段五十年的友谊。胡风陪伴了鲁迅三年，而萧军陪伴了鲁迅两年，他们在鲁迅最后的日子里，可说是他们的先生——鲁迅，可亲密、可信任的人。鲁迅逝世，他们同为鲁迅灵柩的扶棺人。1937年10月至1938年1月，两人与同人在武汉共同编辑了《七月》半月刊，这是他们最后

萧军（中）、萧红与黄源。照片背面是萧红题字："悄于一九三六年赴日，此影摄于宴罢归家时。"

的共事与合作。尔后，萧军山西、甘肃、西安、成都、延安、重庆……辗转，胡风重庆、香港、桂林……转战，两人有时擦肩而过，有时短暂相见，却没有再次共事的机会。

萧军是《七月》、《希望》两刊的同人和主要作者之一。萧军曾经是军人，他喜欢近距离地同敌人作战，1938年1月他离开了胡风，离开了《七月》，开赴了救亡前线。尽管不在《七月》的编内了，但每到一地，他首先关注的是期刊的发行情况。比如在成都，他通报给胡风："《七月》在此地每期可以看到，销得并不差。"（1938年10月19日致胡风信）他关注期刊的品质与内容，多次投稿或介绍作品给刊物，尤其是延安的作者。1940年12月17日萧军自延安信中告诉他向丁玲等征稿之事："关于收稿事，我和他们谈了，他们全愿意支持《七月》，稿费多少那是没关系的，我替你向他们致谢了。"他还先后两次将王朝闻的美术作品介绍给《七月》做封面。

他关注着期刊的生存与命运。《七月》是自费出版，又时逢战乱，困难可想而知，萧军1939年12月10日致信胡风以鼓励：

萧军连载于《七
月》的长篇小说
《第三代》

关于《七月》我还是一贯的，只能写些稿，大部分责任当然还是你，要起劲，你还是得多起些劲。我们不怕走得慢，但要走得稳，不管外面波涛如何喧嚣，我们只是把稳自己的舵盘，认清礁石，驶去就是。所谓"朝如是，夕如是"。

1940年上半年胡风在失去了复旦大学教职的同时，也失去了国际宣传处的工作，经济陷入困顿，刊物的稿件送审却愈加严格，于是他向萧军透露了"废刊"的想法：

为这刊物，我受气，忍辱，吃苦不少，我看一看现在的情形，觉得顶好还是废刊。为新文学想，这损失是大的，我们自己也是一忍痛的决定，但想来想去，要我硬着头皮殉"道"，却也不见得合算。我大概要使把《七月》当作假想目标的革命作家们扑一个空的。（1940年4月7日致萧军）

终于在第二年的9月，《七月》停刊。秉承《七月》风格的《希望》创刊于1945年1月的重庆，尚在延安的萧军一如既往寄来了稿件，依萧军语为"给《希望》的一点小菜"。他在1945年4月1日的信中告知胡风，收到《希望》，刚检读了几篇杂文和卷头语，即被人借去，至今未还，可见《希望》在延安是颇受欢迎的。

萧军1939年12月10日致胡风信，共三页信中萧军对胡风以"兄"相称，胡风对萧军以"弟"相应。1939年的"五三"、"五四"重庆大轰炸，死亡两千人，无家可归者十万人以上。成都的"军老弟"担心重庆的"风老兄"，两次写信探询安危；1939年12月"军老弟"得知"风老兄"的父亲在逃难途中去世，于10日去信予以安慰："死的已经死了，活的活着，活着的他们一定也会寻找自己生活的路。我是不赞成为了一些不能为力的事而损害了自己。""风老兄"得知"军老弟"在延安因性格倔强、嫉恶如仇而遭冷遇，曾几次写信叮嘱："你底脾气好了一些么？第一是工作，第二是工作，第三还是工作，已不要闹什么'英雄主义'了罢"（1940年11月25日致萧军信）；"近年来情形如何，深以为念。来信中曾提到独战群儒之事，后方报纸，亦间有捕风捉影之消息，但苦于不得实情。老弟虽立意甚诚，但表于外者往往给人以相反之印象，此点务宜慎之"（1943年×月×日致萧军信。"独战群儒"是指1942年10月18日在延安召开的"纪念鲁迅先生逝世六周年大会"上，萧军与七位名作家展开大辩论一事）。

　　萧军的另五封书信写于1966年与1979年，均躲过了公安部门的收缴。1966年的两封是寄给在成都监外执行的胡风的，写信人为王德芬——萧军夫人，收信人为梅志——胡风夫人，只因萧、胡二人都是戴罪之身。一封信五页，一封信九页，信中给胡风把脉诊病（萧军略通医理，50年代境遇不佳，曾萌生开个体诊所的念头），嘱胡风"健康第一，愉快第一"，"真理既不能持众，更不能霸占"，殷殷友情力透纸背，随信还寄去诗作。不久，胡风夫妇被押解劳改农场，通信中断。1979年的三封是萧军写给在成都的胡风夫妇的。十几年不闻音讯，知道他们已被释放，萧军悲喜交加，复出的萧军汇报了他近期繁忙的活动及文学成果，嘱他的"风兄""石头在，火种是不会灭绝的"。1980年2月萧军的"反党分子"案得到彻底平反。1984年3月，胡风参加了为老友萧军创作活动五十周年举办的纪念会，并做了发言，他评价萧军："只有凭着诚实的追求和辛勤的劳动才能走过了这么长的五十年的道路。"（胡风《我与萧军》）这是他最后一次在公开场合发言。

鲁迅曾说胡风"鲠直，易于招怨"，毛泽东说萧军是"极坦白豪爽的人"；鲁迅曾视胡风为"虽然还不能称为至交，但也可以说是朋友"，毛泽东则视萧军为"谈得来"的人。从鲁迅、毛泽东对胡风与萧军的评述看，二人有着非常相似的性格。古希腊有句名言："性格即命运。"不知确否，但二人的命运如此相似，却是事实。

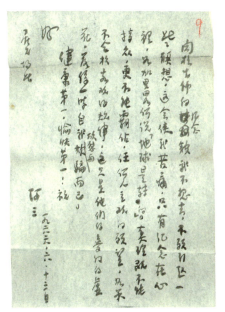

萧军1966年6月13日致胡风信，原信共九页

一生情谊
——聂绀弩致胡风

聂绀弩（1903—1986），字翰如，笔名耳耶、萧今度等，湖北京山人，作家、编辑家。1932年，在东京结识胡风，同年参加左联。建国后曾任中国作家协会理事兼古典文学研究部副部长、人民文学出版社副总编辑兼古典部主任等。1955年受到"胡风案"牵连。1957年被划为右派，未几发配北大荒。1967年以"现行反革命罪"关押，1974年被判无期徒刑。1976年10月获释。著有《蛇与塔》、《散宜生诗》、《聂绀弩杂文集》、《中国古典小说论集》等。

在胡风的人生轨迹中有一个身影时隐时现，他就是聂绀弩。他们有着那么多的相同：同为湖北人，同时在日本留学，同为左联盟员；他们又有着不同：性格上存有差异，为人处世各有不同，文艺观点上各执一见。同与不同都不妨碍他们几乎贯穿一生的情谊，以及两个家庭之间的亲密交往。现藏于北京鲁迅博物馆的十封往来书信，只是他们大量通信中存留下来的一小部分。其中七封，写于1952年之前，上

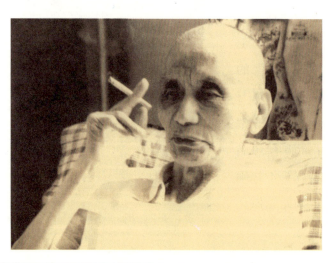

边留有公安部整理、编号的印记；其余三封均为聂绀弩致胡风信，写于1979年聂复出之后。

诸多相同成就了他们的相知甚深，诸多不同促使他们像一条道路上的两套车，他们彼此相望，彼此关注，在压力下寻求对方的帮助，在困境中探求指点迷津，相扶相携走过了坎坷的一生。1938年初，聂绀弩与端木蕻良、萧军、萧红、艾青等人离开武汉，应约到山西临汾民族大学任教。留在武汉的胡风很是惦念一行人的安全，聂在2月、3月两次致信报平安，并嘱托胡风将《七月》的稿费补贴尚在武汉的家小（4月至7月《七月》上发表过聂的三篇作品）。聂绀弩本质上是个天马行空、无拘无束的“大自由主义者”，为此他的生活出现过几次婚姻危机，胡风不能坐视不管，主动担当起了“家事调解员”。胡风五封信中有四封充当了这个角色，其中三封写于1952年（1941年9月18日、1952年12月5日、1952年12月19日、1952年12月21日），当时胡风正遭受文艺界的批判。也正是胡风的鼎力调解，聂与爱人周颖感情复合。

鲁迅灵柩缓缓放入墓穴。右前为胡风，扶棺者中也有聂绀弩与萧军

聂绀弩因与胡风文艺观点的不同，在40年代末与50年代初都曾著文批评过胡风。50年代上半期，“胡风批判”一浪高过一浪，聂绀弩夫妇也因30年代与胡风在日本的交往而受到审查。风声鹤唳，此时胡风的家已是门可罗雀，但他们照旧在胡风家出出进进，尤其是周颖隔

三差五与胡风一起打牌聊天，全然不避嫌。聂绀弩认为他们只是"不同文艺观点的辩论，从不认为胡风反人民反党"（姚锡佩《重睹绀弩先生——读佚信佚文记事本》）。道可以不同，朋友不能不做。因对"胡风案"持有不同意见，他受到牵连。1965年底，被拘押十年的胡风释放回京，第一个得到消息的聂绀弩赶来看望。一个月后，胡风被要求离京赴川继续监外服刑，胡风执意抗拒这个组织安排，家人劝阻无效，梅志搬来了老聂夫妇。他们的一席话"北京不是好地方，可能还会搞运动，我们这种人留在这里会倒霉的，走远点吧"打动了胡风，胡风觉得老聂"看问题很深"，"不再像过去那样懒散洒脱了，简直成了一个有修养的思想家"，他离开了北京。临行，老聂赋诗送别："武乡涕泪双雄表，杜甫乾坤一腐儒。尔去成都兼两杰，为携三十万言书。"（梅志《胡风传》，673页）胡风在成都与聂绀弩书信往还，每信必有诗词唱和，但是，这个时期的信与诗却惨遭焚毁。据梅志回忆：1967年初，聂绀弩忽然来信叮嘱将他的来信与诗一起烧掉，并告之胡风的他已烧掉。远离京城的胡风夫妇不明就里，只是看着这些写在红条八行信笺上的蝇头小楷诗稿与书信不忍，梅志便将它们作为废纸化整为零卷了筷子，心想这样既不会被人注意，又便于携带。可不曾料想，老聂又有信来，再次叮嘱务必烧掉。他们不知数千里之外的政治中心——北京究竟发生了什么，一向自况"散人散木"的老聂遭遇了什么，只得遵嘱将信与诗烧毁。梅志很为这些凝结着老聂的心血与友谊的诗信难过，胡风却说："放心吧，他会记得的，十年八年之后还会记得的，因为这是用心血写成的。"（梅志《悼念之余——忆聂老绀弩》）其时的聂绀弩已感到风雨将临，他将自己与胡风互毁诗信一事以诗为纪：

风雨倘来某在斯，只愁无地着君诗。
令人不作三公处，是尔吟安一字时。
疾视衷悲天地窄，浩歌狂热鬼神嗤。
谁曾崔女情书读，我当晴娘扇子撕。

不久，他即因口无遮拦攻击林彪与江青，而以"反革命罪"被捕入狱。

1976年10月随着"四人帮"的倒台，被判无期徒刑的聂绀弩侥幸出狱，狱中服刑十年，七十多岁的他可谓身心俱残，他曾以诗自况："十载寒窗铁屋居，归来举足要人扶。"舒芜曾回忆晚年的聂绀弩：

> 回京后的十年，基本上是在床上度过的。起初还能偶或下床，1977年给我的信有好几封还是毛笔正楷写的，弥足珍贵。后来就只能将几床棉被叠起来，斜靠着上半身，成天如此，不废写读。（舒芜《聂绀弩晚年想些什么》）

1979年7月19日聂绀弩致胡风信正是在这种情况下写的，笔迹歪歪扭扭，梅志称许的"蝇头小楷"已不复存在。信称"身体很坏，前两天才从医院出来"，十年罹难归来"我家人口减百分之五十，即海燕（其女儿——著者注）同三妹已故；其半尚存：愚夫妇"。尽管如此，老聂依然惦记着十多年未见、依旧戴着钦定"反革命"帽子的胡风。他歪着病体，写下了两页纸的信，意犹未尽又补写了一页。9月、12月又致胡风两信，除通报文坛情况外，重又与胡风诗词唱和。此时正值第四次文代会召开期间，聂绀弩与吴奚如都为与会代表，

中国人民政治协商会议全国委员会

老华兄：

三郎父母寄送善画来看，我很热心读。

关于兄子早略之所闻，大致近是，不必细说。

说说我吧，1967.1.25被捕，两年后解山西某县监押，前后约八年被判无期解临汾服刑前后十年又四个1976年9月25被宽大释放。今年三月平反，补发工资。四月改正三月恢复。我家人口减百分之三十，内婴弟同三妹已故，其半尚存，尚复好。

聂绀弩1979年7月19日
致胡风信，共三页

中国人民政治协商会议全国委员会

高血压很坏，前两天才从医院转来病房于冠心病。老年性血管硬化之类据说要多活动但我懒于一举手，一站勤快不起来。又说要吃得好，我自己觉也不知什么好吃，知道也买不着，买到了也无人会弄，只好由他。

近来忽然被捧为旧诗好人民多事，报纸刊物都捧了一捧。但吹捧得最热闹的是旧诗，不光诗，旧事也被盗印。有人誉我为这个那个，也是好意，但恐也有别具用心者。由他，多云皆不着。

只说这些吧！
住址东外新1区西配楼3号。
祝好！
萧三台上 6月19

中国人民政治协商会议全国委员会

在院时，常见牛汀保，原来看进我要不几时他又不久的文学出版社还包部在相近大家多教课，最顽固的了，他其刁十多年了，又来看过我，我蒸的也不久，他逆自由了六年，方不许多人都为此，住起世。米山听说枕某大教书不详。

李剑华来看过我，素不识我据说先为仰慕这名而来，好在他来谈话，谈话特别执要手脸，我懂什诗腔凌念他国诗来的不只一人，恐未有此份是念旧诗别的不谈。

冰之公旧英雄冊感记椎已萎风。此事常近日之风，值作旧话。

我们全家人问 同日又及
你们两好！

1976年11月2日聂绀弩（后排左二）出狱返京，留影于北京火车站（前中为聂绀弩夫人周颖）

他们准备在会上就"胡风问题"发难，但被劝阻。12月7日信中，聂绀弩称胡风为"瘦弛兄"，胡风比聂胖，本姓张，故以"瘦"对"肥"，"弛"对"张"。信中录昔日赠胡风诗一首：

尔身虽在尔头亡，老作刑天梦一场。
哀莫大于心不死，名曾羞与鬼争光。
馀生岂更毛锥误？世事难同血压商。
三十万言书说甚，如何力疾又周娘（一作扬）。

1985年6月胡风去世，追悼会迟迟不能召开，两个月后，家属只能先将遗体火化。这时的聂绀弩久卧床榻，蜷曲一团，骨瘦如柴，他为老友写了"哀愤感人"的"死无青蝇为吊客，尸藏太平冰箱里"挽诗之后，又将赠胡风诗十三篇陆续发表，鸣发了对胡风一生遭遇的不平。次年3月，聂绀弩随老友而去。

聂绀弩1979年9月8日致胡风信，共三页濮翮兄：

　　小三、小风夫妇均曾来此。

　　三郎处之诗也送来了。

　　赠君诗至少有廿余首，为拙作中之差强之词，无法拿出去，丢的丢了，有的移作他用，有的自用了，但总还有无法挪用的，为上海某君抄去者不足。君言恐有讹字，今重抄奉，比此为血压三首之第三，次身居在尔头已。老作刑天舞一场，衰莫大于心不死，名曾勤与鬼争光。顾生昆更毛锥误世矣难同血压离30,000言书说甚，如何力瘐又周娘（一作搞）。

　　周公说党内要解决某种问题而至今未见征象，此川一时缓兵周勇在大会上说过所谓此川一了，尚另共仰三东，此办了至今均窘然，公允之也。此一人所做事接周公之力也只有这般大小，不必把想像太多么的。但此次会议人多大笑，一为着名公为名誉而自为实际。二为在民间文艺方面硬要扎钟老而自居之，自己在各方面都拿不出一车书来，一尸安娜，太半是剽人于的，人生几何，哭志无大多，有赠二首附牛兰——哂生之死太万人会廿十耕鞍姓字画，恼怒江山寺。好气垒湖海白头翁何词表心中志无力转回世上风俗有申，翁神术直抛墨首九层空精高填海石儿恼媚后补天，德然天微愚思和风和细雨隐急一叟一中年君几不死笔君若之子无妇力我锦谁解示君何所往紫珠小々又无也此君之与君有美者也。

　　　　敬颂双安！　　弟 今度上1979.12. 七月

1966年初胡风监外服刑暂居北京家中，聂绀弩提议与萧军三人合影留念——三十年前他们同为鲁迅扶棺人。胡风考虑到自己的"戴罪之身"，未敢应允。聂绀弩将这份愿望写入1979年9月8日的信里："三郎说等你来，咱三人合照一张相，于愿足矣，就不知你几时来！"1980年，胡风住友谊医院，聂绀弩住邮电医院，尚算康健的萧军把胡风接到了聂绀弩医院的316室，三人合影终于实现了。五十年来，为了一个共同的理想，三人驾着三辆马车奔跑，今天他们终于殊途同归了。

聂绀弩（右）、胡风（中）、萧军1980年合影

战地飞鸿
——丘东平致胡风

丘东平，一个有些陌生的名字，或许是他走得过早，只有三十一岁的年龄；或许是他与胡风的瓜葛，现代文学史上很少提起他的名字，胡风却留存了东平沐染着战火硝烟的二十封信。这二十封信大多数是东平在战斗的间歇中急就的，有的写在"陆军新编第四军司令部用笺"上，有的写在"陆军新编第四军战地服务团用笺"上，有的甚至写在随手撕下的簿册纸上；信的笔迹时而用毛笔，时而用钢笔，1940年3月20日一信竟然是前用毛笔，后用钢笔写就的，从这里我们似乎嗅到了战争的紧张气息。这二十封信始自1937年10月13日，止于1940年5月23日。1941年7月，东平在一次反扫荡战斗中牺牲。陈毅曾作

丘东平（1910—1941），广东海丰人，小说家。1932年发表短篇小说《通讯员》，引起文坛关注。1934年赴日本，任东京左联分盟负责人。抗战后，参加新四军战地服务团。1941年初，任鲁迅艺术学院华中分院教导主任，7月，在"反扫荡"中牺牲。胡风编辑其遗作出版《东平短篇小说集》（再版题名《第七连》），另出版有《沉郁的梅冷城》、《茅山下》等。

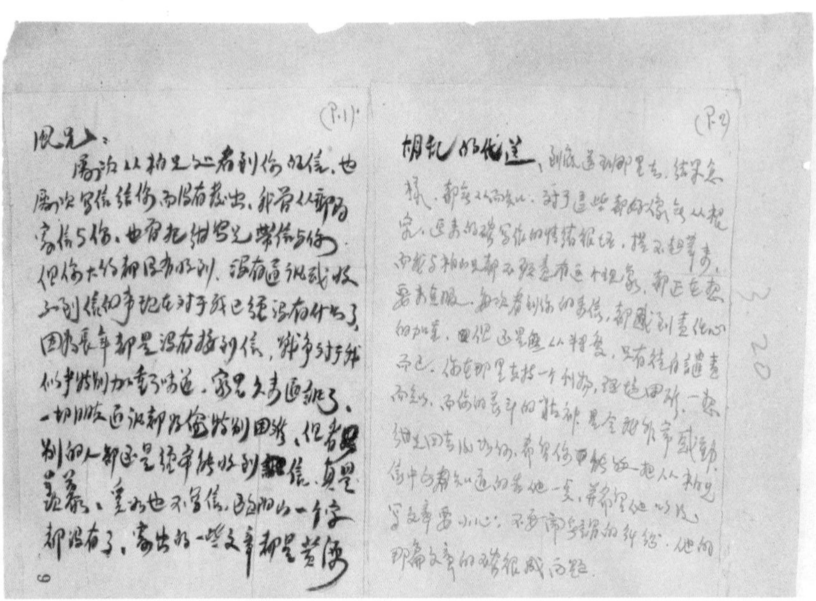

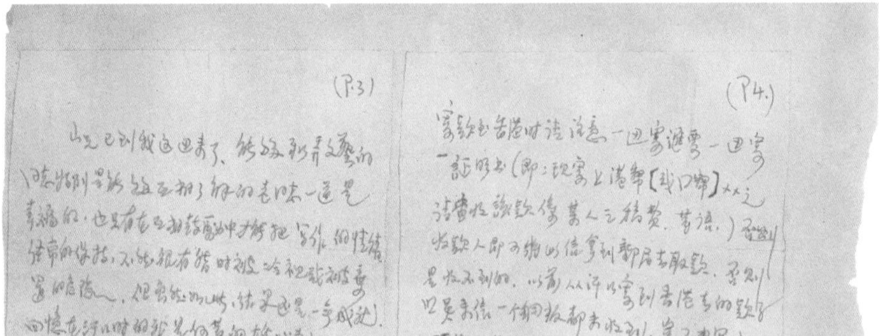

(P.1)

(P.2)

(P.3)

(P.4)

9

10

丘东平1940年3月20日致胡风信，共四页

《本军抗战阵亡将校提名录书端》，对东平等致吊：

> 丘东平、许晴同志等，或为文人学士，或为青年后进，或擅长文艺，其抗战著作，驰誉海外；或努力民运，其宣传动员，风靡四方。年事青青，前途讵可限量，而一朝殉国陨身，人材之损失，最为痛心。

如陈毅所说，东平本乃一介文人，其文才得到过郭沫若的青睐："我在他的作品中发现了一个新的世代的先影，我觉得中国的作家中似乎还不曾有过这样的人。"（郭沫若《东平的眉目》）此说不为虚妄，早在1934年，鲁迅与茅盾选编英译中国现代短篇小说集《草鞋脚》（此书当时未出版），便选入东平描写海陆丰农民运动的作品《通讯员》，书中评介："在所有现代中国描写'苏区'生活的小说中，这篇是直接得来的题材，而且写得很好。"胡风曾就郭沫若"以托尔斯泰或巴尔扎克期待着东平底将来"一说发表看法："我以为那并不是郭先生底诗人的夸张。我为东平高兴……"（胡风《忆东平》）作为一个文学评论家，胡风对东平在创作中表现出来的"直追人物底心理性格的写法"早有赞誉，他由衷地希望东平受到文坛的注意。东平更是一名战士，一名活跃在抗日前沿的战士。他先后参加了十九路军和新四军，枪炮响起，他持枪杀敌；战火偃息，他执笔疾书。他以报告文学为主要形式，歌咏了民族战争中的革命英雄主义，仅在胡风主编的《七月》上就发表了十一篇作品。胡风曾予以评说：

> 这些是英雄的诗篇，不但那艺术力所开辟的方向，在中国新文学史上加进了一笔财富，而且，那宏大的思想力所提出的深刻的问

题，也值得为新中国底诞生而战斗的人们反复地纪念吧。（胡风
《东平著〈第七连〉小引》）

从东平致胡风的这二十封信里，我们可以感受到"他的声音风貌
和思想感情的生动的鳞片"（胡风《〈东平一束信〉附记》）。

丘东平与胡风首先是作者与编者的关系。东平的二十封信伴着
他的作品，分别从济南、南京、武汉、南昌、安徽、江苏溧阳寄到
了《七月》编辑部，济南的《暴风雨的一天》，南京的《叶挺印象
记》、《善于构筑防御工事的翁照垣》，武汉的《第七连》，南昌的
《我认识这样的敌人》、《马六古姐弟》、《一个连长的遭遇》……

丘东平的阵地特写《第七连》，刊于
1938年1月《七月》第一集第六期

丘东平的《暴风雨的一天》，刊于
1937年11月《七月》第一集第二期

这些创作于血与火的作品大多得以在《七月》上发表。 1938年3月5日东平在南昌给胡风的信中写道：

　　敌机屡次来袭南昌，皆被我们强大的空军击退，南昌安静了，热闹了，人民生命有保障。我有好几天充满着抗日胜利的骄傲和快乐的心境，所以那样写的。

　　在这个时期他创作的《一个连长的遭遇》，曾被誉为"中国抗日战争底一首最壮丽的史诗"。胡风盛赞它：

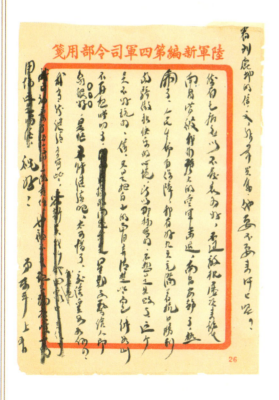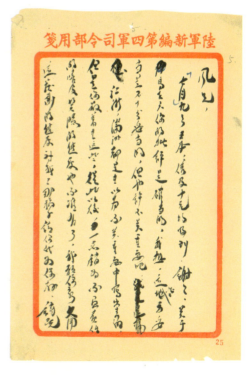

丘东平1938年3月5日致胡风信

在叙事与抒情的辉煌的结合里面，民族战争底苦难和欢乐通过雄大的旋律震荡着读者底心灵。从《暴风雨的一天》起的作者底追求，到这一篇，无论在思想内容上或艺术力量上都达到了更真实也更宏大的境地。（胡风《忆东平》）

1938年4月以后，东平随新四军军部由南昌迁往安徽，东平请战加入了先遣支队，插入敌后，至此他与胡风的联系时有中断，作品也少有寄来。此时的胡风感到，与东平很远又很近，他"经验着变化，一步一步地走进了斗争底深处"（胡风《忆东平》）。

丘东平与胡风也是脾气相投的朋友。他们的初次谋面得益于丁玲。1932年冬，留学日本的胡风短暂回国，受丁玲之托劝阻东平赴日。显然丁玲找错了人，东平的一句抢白"那么，你自己呢"使胡风无比尴尬。虽然劝阻没有成功，但东平那直来直去、毫不设防的性格给胡风留下了深刻的印象。后来他们的交往日见增多，相知日长，东平的不畏权威、直率豪爽的性格胡风至为欣赏，而东平的艺术功力也得到过胡风由衷的赞扬：

在革命文学运动里面，只有很少的人理解到我们底思想要求最终地要归结到内容底力学的表现，也就是整个艺术构成底美学特质上面，东平是理解得最深的一个，也是成就最大的一个，他是把他底要求他底努力用"格调"这个说法来表现的。（胡风《忆东平》）

东平对胡风也是历来服膺的。他们之间的通信许多是对东平作品的讨论，胡风的意见有些是很直白的，而东平最后都欣然接受。他在

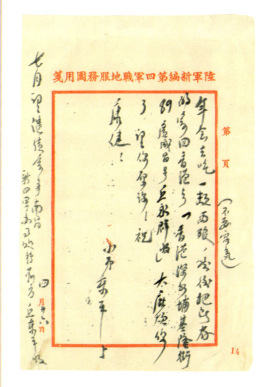

丘东平1938年4月26日致胡风信

敌后风闻胡风受到一些人的攻击，曾写信抱打不平，1939年11月1日致胡风信写道：

> 以前老周就是过于滥用自己的政治地位，动辄以帽子戴给别人，以为不费吹灰之力而可以打倒论敌——而胡风所以终未被打倒者正有他的不能打倒的骨干，我想这是用不着加以辩解的。

东平正是因为与胡风的关系在文坛上受到冷遇，胡风每每想起不仅为其不平，更感"对这些作品和它们底创造者不起"。东平倒在了抗日的战场上，他是民族英雄。胡风曾两次为东平作过悲愤的悼诗，一次是"皖南事变"后，东平因正在敌后，逃过一劫；一次是1941年，远在香港的胡风听说东平遇难，而这次竟然是真的：

> 傲骨原来本赤心，两丰血迹尚殷殷。
> 惯将直道招乖远，赋得真声碰冷门。
> 痛悼国殇成绝唱，坚留敌后守高旌。
> 大江南北刀兵急，为哭新军失此人。

1946年7月在东平牺牲五周年之际，《希望》辟专栏纪念东平，胡风写了《忆东平》，并发表有胡风附注的东平《一束信》。可谁知十年后，东平竟会因与胡风的关系再次遭到诋毁。1950年周扬在一次

丘东平1939年11月1日致胡风信

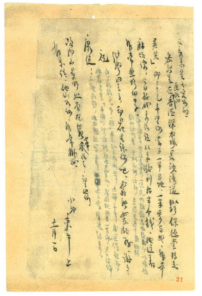
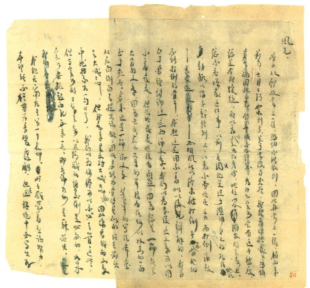

给文艺干部作报告中提到"小资产阶级作家集团"，点到了东平：

> 他们小集团中也有为革命牺牲了的东平，为革命牺牲是值得尊重的，但当作作家看，那死了并没有什么可惜。

对东平的官方认定使得他的作品竟然在文化部编选的《新文学选集》中落选，胡风得知后不禁悲戚："想不到我的情况使死者都受到了拖累。"（胡风《关于解放以来的文艺实践情况的报告》）

胡风给东平同时期的信，因为东平所处的环境以及后来他的牺牲，已经无存，但是丘东平留下了几十封信与诸多作品。1943年，为了纪念东平，胡风在1939年出版的《第七连》的基础上，重新编选了《东平短篇小说集》，次年由桂林南天出版社出版。胡风在是书"题记"中说得好：

> 他底纯钢似的斗志活在战友们底心里，他底在创作上的英雄的声音活在真诚的作家和读者们底心里，要说他底精神已和我们远离或者死去，那是决不会有的事情。

1946年7月《希望》第七期刊载的丘东平致胡风信手迹

师友的见证抑或反革命的罪证
——胡风致路翎

路翎（1923—
1994），原名徐
嗣兴，笔名路
翎、冰菱等，原
籍安徽无为，生
于江苏南京，小
说家、剧作家。
1939年投稿于
《七月》，得以
结识胡风。在胡
风的影响和帮助
下，迅速成为七
月派最有代表性
的作家。1955年
被定为"胡风反
革命集团骨干分
子"。著有《青
春的祝福》、
《财主底儿女
们》、《路翎剧
作选》等。

胡风在上世纪三四十年代主办的《七月》、《希望》发现与培养了一批青年诗人与作家，路翎就是那时升起的一颗耀眼的新星。路翎原名徐嗣兴，1940年在《七月》发表短篇小说《"要塞"退出以后》时，首次使用路翎这一笔名，后来便以此名行世。北京鲁迅博物馆现藏胡风致路翎信一百一十九封，这是胡风所存书信中最大一宗的私人信件。这一百多封信因为1955年的"胡风案"被迫交出，在公安部得到了"善待"。它们被装订成两册，粘贴在衬纸上，编号归类，并标注时间，虽然在时间的注释上有所错位，但是作为当时"胡风反革命"的证据还是足够了。这批信写于1941年6月至1953年5月，时间跨度十二年。

1941年至1948年胡风致路翎信有六十二封，其中1941年到1945年达五十八封，与此同时，路翎写给胡风的信多达一百零九封，这几年正是路翎作为一颗文学新星冉冉升起的时期。两人的通信应该始于1939年4月，那是路翎第一次投稿于《七月》，《妈妈的苦难》使胡风第一次知道了路翎与他的作品。

　　　　用我的东西介绍我自己吧：我还是一个稚气的青年人，迫近文艺不过一年多，以前所写过的东西很少，这篇《妈妈的苦难》是最近写的，人当然不能批评他自己的作品，而母亲对于最坏的孩子也是爱护的！

　　这是路翎于1939年4月24日写给《七月》主编胡风的第一封信。从现存路翎致胡风信可知，1939年、1940年路给胡写了二十八封信，

胡风1941年6月21日致路翎信

与之相应的胡风信却已无存。梅志还记得路翎给胡风留下的第一印象，那是1940年2月的一天："年青，淳朴，对生活极敏感，能深入地理解生活中的人物……"，"是一个有着文学天赋的难得的青年，如果多读一些好书，接受好的教育，是能够成为一个大作家的"（梅志《被损害与被摧残的——怀念路翎》）。胡风凭借职业的敏感，发现了这个有着文学天赋又有着时代敏感性的青年。1939年9月路翎寄上《"要塞"退出以后》，胡风毫不客气地提出修改意见，几经反复，1940年5月《七月》第五集第三期第一次发表了路翎的这篇小说，从此路翎的创作激情一发不可收。在胡风的引领下，他在《七月》上又发表了《家》、《何绍德被捕了》、《祖父底职业》等小说作品。抗战后期，《希望》杂志上可以看到他的小说一篇接着一篇。1945年1月《希望》创刊号上，路翎的小说《罗大斗底一生》占据了小说头条，紧接着在第二期上竟然一气刊登了路翎的六篇小说：《感情教育》、《可怜的父亲》、《秋夜》、《瞎子》、《王老太婆和她底小猪》、《新奇的娱乐》。他的作品里有着形形色色的人物："没落的封建贵族、已经成了'社会演员'的知识分子、纯真的青年、小军官、兵士、小地主、小商人、农村恶棍……"，包罗了人间百态、世间万象。1945年，路翎八九十万言的长篇小说《财主底儿女们》出版，被胡风誉为"是中国新文学史上一个重大的事件"（胡风《〈财主底儿女们〉序》）。年轻的路翎以他的多产与才华蜚声文坛，这样的成就应该说与胡风是分不开的。胡风致路翎的六十多封信，凝聚了一个文艺前辈对一个文学青年的指导，可以这样说："路翎的几乎所有作品都融会了胡风的创作理念……路翎是在创作实践上体现了胡风的文艺思想。"（梅志《被损害与被摧残的——怀念路翎》）

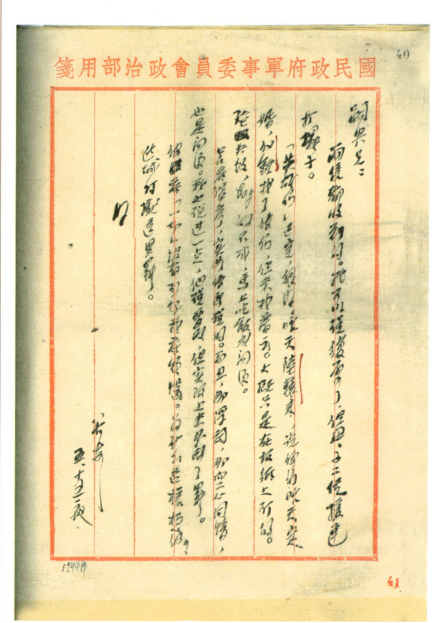

翎兄：

兩信都收到了。把可以建議修改
的、信里、手上代議選
的地方子。

一、寄信的一送過、續付了唯天陸續寄、搭續的改寄送、
婚、如續挂了搬的、但要快寄、而大概只是在報紙上所看。

陸續共搬的、且、如不求、速去吃飯烈的問題。
宏素請原先、寄的密不證明。

這是向的。那此證過一點、但程要寫、提家路上去外
對了幾一罪。而且、那浮詞、那空上、同情、
被寶奪了上而止、還畜、如此許席傳播、尚若不遠樣指導、
從嫁對嚴違呈要新。

　　此安

　　　　五月十五夜。

1944年

胡风1944年5月15
日致路翎信

胡风1944年9月1日致路翎信

　　在频繁的书信中，胡风与路翎相差二十岁的师生关系也在向朋友关系转换，路翎不再以"胡风先生"相称，而代之以"兄"，信的内容不再只谈写作，而旁及到两个家庭的其他人员，他们成了可以深谈的挚友。胡风不仅在文学事业上提携路翎，在生活中也给了路翎很多帮助。1949年南京解放，胡风推荐他到军管会文艺处工作，路翎成为一名国家干部；1950年又经胡风推荐，路翎调到北京青年艺术剧院创作组任副组长，全家得以在北京定居。谁都没有预想到的是，路翎与胡风的这种亲密关系也给他带来了灾祸。

1949年至1953年胡风致路翎信有五十七封，路翎致胡风信有一百零六封，这个时期他们携手迈进了一直向往的新时代。路翎的创作达到了第二个高峰，长篇小说《燃烧的荒地》，短篇小说集《平原》、《朱桂花的故事》，剧本《迎着明天》、《英雄母亲》、《祖国在前进》等先后出版，它们歌颂了新中国的工人、农民、志愿军战士。路翎以往日的声誉与现今的成就当选为第一届文代会文协会员，第二届文代会作协理事。但是随着胡风境况的恶化，路翎的剧本被禁演了，小说被禁出了，他描写志愿军真实战斗生活的小说《洼地上的"战役"》（胡风认为是传世之作）也受到了空前的批评，批判的风潮很快波及到了他的其他作品。路翎带着疑惑与苦恼又创作了五十万字的描写抗美援朝的长篇小说《战争，为了和平》，但此时已无出版单位敢于接纳这部书稿，小说的头两章后来佚失了。

　　1955年5月13日《人民日报》公布了《关于胡风反党集团的一些材料》，这是根据舒芜主动上交的胡风信炮制出来的，随发的编者按警告：

　　　　路翎应当得到胡风更多的密信，我们希望他交出来。一切和胡风混在一起而得有密信的人也应当交出来，交出来比保存或销毁更好些。

　　胡风赶快到公用电话处，打电话通知在京的朋友，务必交出信件，一个"密"字了得。

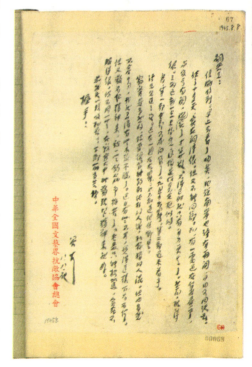

胡风1945年8月8日致路翎信

当日的下午，路翎跑来告诉他：已将所有信件清理交予人民日报社。随后的第二、三批材料大量摘引了胡风与他人通信的段落或字句，在胡致路1949年至1952年的信里，就引用了十七封。发牢骚、想对策本是人之常情，把私下的泄愤之言作为反革命言论，作为"阶级斗争新动向"，而不惜断章取义、无限上纲却是那个时期政治运动的惯常手法。随着胡风的被捕，路翎作为"胡风反革命集团骨干分子"也遭到抄家和逮捕。

此后的路翎离开文坛二十多年，一度精神分裂，有几年还被安排清扫街道。胡风晚年听说他的境遇，悲叹道："居然有这样残酷的事！要尽情摧残，也只应该摧残我这个祸首呀！"（梅志《被损害与被摧残的——怀念路翎》）平反后的路翎逐渐恢复了写作，虽然他还是那么勤奋，但昔日的激情与风采不再，他的作品留下了太多"失去自由"的烙印，一颗文学的明星就这样陨落了。

胡风曾于1947年为路翎的剧作《云雀》写下这样的文字：

> 悲剧，不是使观众在剧场里面参观一件人生惨变或摘取一片人生教训，而是要使他们亲身参加到痛苦过程或牺牲过程里面，亲身经过一次痛苦或牺牲的试炼，到他们走出剧场以后，就会变得更坚定更充沛，在现实人生里面增长了对于战斗生活的勇敢和战斗目标的乐观。

胡风的这句话是写给路翎的，也是写给我们的。

两个不屈灵魂的对话
——胡风致阿垅

　　1965年6月23日，阿垅在狱中写下了最后一份申诉材料，他表白"我可以被压碎，但决不可能被压服"；同年11月26日，胡风在狱中接到了有期徒刑十四年的判决书，他的回答是"心安理不得"。两个已被关押了十年的囚犯，面对着强大的"无产阶级专政机关"，如此"死不悔改"，他们"要开作一枝白色花——因为我要这样宣告，我们无罪，然后我们凋谢"（阿垅《无题》，1944年9月9日作）。

　　北京鲁迅博物馆所藏胡风致阿垅的三十九封信（其中一封为复印件）中，写于1947年的二十一封，1948年的九封，1949年的四封，1955年的三封，年代不详的二封。这些信上绝大多数都有阿垅的钢笔手迹，那是阿垅

阿垅（1907—1967），原名陈守梅，笔名阿垅、亦门、S.M.等，浙江杭州人，诗人、文艺理论家。1937年参加淞沪会战负伤，写作报告文学《闸北打了起来》。建国后任天津文联编辑部主任和创作组组长。1955年被定为"胡风反革命集团骨干分子"，1967年3月死于狱中。著有诗集《无弦琴》，报告文学集《第一击》，长篇小说《南京》，诗论集《人和诗》、《诗与现实》等。

上交信件时所作的说明。胡风与阿垅的通信是"胡风案"定罪的重要依据，因此上面留有许多专案组粘贴、编号、圈划的印记，然而阿垅却申诉道："'胡风反革命集团'案件全然是人为的、虚构的、捏造的！"（阿垅《可以被压碎 决不被压服》）

阿垅从抗战初期即以S.M.为笔名向胡风主编的《七月》投稿，在《七月》、《希望》上共发表了二十一篇作品。前面我们提到过，他以亲历的"八一三"淞沪战役为原型，写下了报告文学《闸北打了起来》、《从攻击到防御》。他还写过抗战小说《南京》，获得了抗敌文协征文一等奖（《南京》初稿在当时未及发表，后修改稿遗失，1987年人民文学出版社据初稿整理，更名为《南京血祭》出版）。他也涉足诗歌和评论，是杰出的七月派诗人和诗论家。他曾在《南京》后记中写道：

> 我不相信，"伟大的作品"不产生于中国，而出现于日本；不产生于抗战，而出现于侵略！……中国有血写成的"伟大的作品"！而且，墨水写成的"伟大的作品"，即使是血写成的"伟大的作品"的复写，那不久也可以出现的。……否则，是中国的耻辱！

就是这位在抗战时期用血写出"伟大作品"的作家，后来成为了"反革命分子、国民党特务、反动军官"，下面这封信即是证据之一：

> 就是陈卓，他去年做过北平警局长的。望马上找他恳托，至祷。直兄（贾植芳——著者注）消息全无。但我担保他毫无此种姻

缘，此点可向陈报告。我疑为寄居他家之小女人（近来彼此闹翻）
所为，一则以上信所说学生事，一则以直为文人，如此而已。请陈
马上进行（疑在中字处），让他们回来，万一困难，也得先让太太
回来。一家庭妇女，留之不放，可笑之至。（胡风1947年9月26日致
阿垅信）

这是一封求救信，因为贾植芳夫妇被捕，怀疑被押在中统特务机
关，胡风请阿垅转托陈卓保释。陈卓应为陈焯（胡风误写为卓），曾
代理过国民党军统局长，任过南京、北平警察局长。其实胡风、阿垅
都不认识此人，此事作罢。但多年后的重提竟是"从这些信里可以看

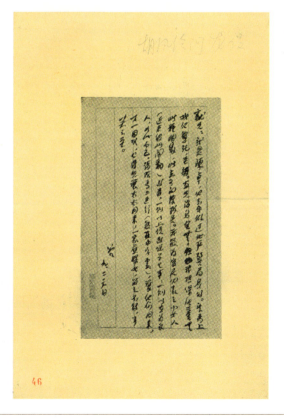

胡风1947年9月26
日致阿垅信的复
印件

出胡风及其集团分子同国民党特务们的亲密关系"，这是"胡风案"第三批材料注解所说。阿垅在申诉材料中驳斥了这种说法：

> 这显然是政治迫害，政治欺骗！别的解释是不可能的。如果按照编者的逻辑胡风和陈焯显然有什么真正的政治关系，那胡风为什么不直接给陈焯去信而这样向我打听呢？为什么在前一封信中胡风还把"陈焯"这个名字搞错为"陈卓然"呢！？为什么你们所发现的"密信"不是陈焯等人的信，而是像现在这样的东西呢？！矛盾！！矛盾！！（阿垅《可以被压碎 决不被压服》）

连续的质问，表现了阿垅的极度愤怒。阿垅在申诉中曾表白："从1938年以来，我追求党，热爱党，内心洁净而单纯，做梦也想不到会发生如此不祥的'案件'。"阿垅曾经胡风介绍赴延安抗大学习军政，后去西安治疗眼病，因时局的变化无法回到延安。他此后在国民党军事机关任教官，经常借职务之便向中共方面递送军事情报，曾经替他转送情报的除胡风外，还有杭行、方然及中共在南京的情报人员郑瑛（时为南京国民党中央社会部情报人员）。

我们从胡风给阿垅的信中多次看到递送情报的过程。1947年6月18日胡风给阿垅的信提到："上次转告友人的话，他听了似乎高兴，并嘱以后有同类的话还想听到云。"信旁有阿垅所作说明："'转告友人的话'——指鲁南作战计划交廖梦醒同志，'还想听到'，是继续要资料。"8月31日继续一信："前天知道，上次告诉他们的话似乎使他们得了大利，希望继续得到云。那么，经常留意吧。"信旁阿垅的手迹："'得了大利'，即指廖梦醒同志取去的鲁南作战的军事资料（国民党军队的），使我方在战争中得了胜仗。"据参加复查

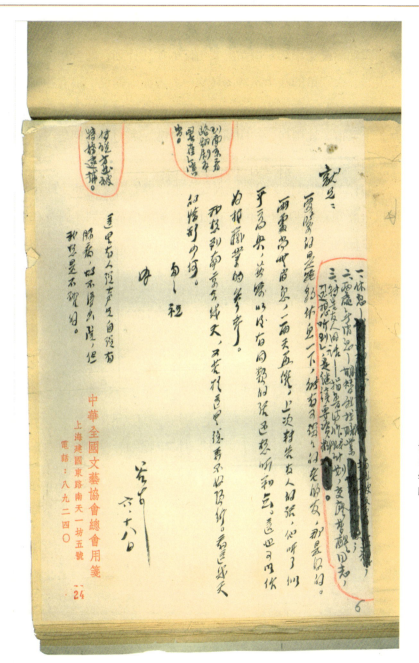

胡风1947年6月18日致阿垅信。红笔圈起的文字为阿垅所作说明

中华全国文艺协会总会用笺
上海建国东路南天一坊五号
电话：八九二四〇

"胡风案"的王增铎介绍：阿垅在被审期间"交代"，1947年他从国防部获知国民党军队对山东沂蒙山区的作战计划，即告胡风，并将自己画的一个简单的兵力态势图转交中共方面，据说"很有些利益"。这个"大利"即闻名的"孟良崮战役"，全歼国民党七十四师，击毙师长张灵甫。建国后，一次胡风与廖梦醒见面，廖还问起"那个不知姓名的朋友"。

9月22日胡风信又提到"周处还走动否"，"周处"即指阿垅的情报来源处。1949年6月6日、8月25日胡风信都谈到了阿垅在解放前夕，通过国民党军中的旧同事蔡炽甫提供关于台湾要塞装备的军事资料一事。阿垅于1948年底通过郑瑛提供了有关军事调动、军队番号、

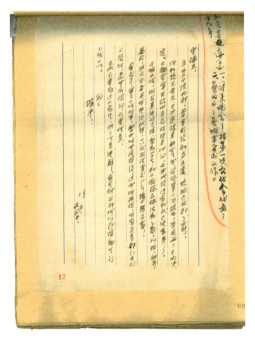

胡风1949年6月6日致阿垅信

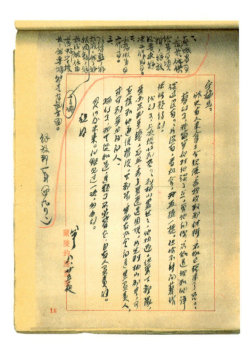

胡风1949年8月25日致阿垅信

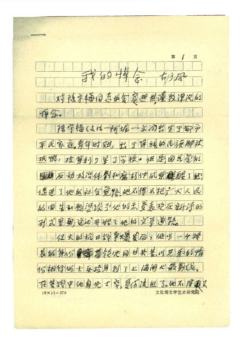

胡风写于1982年6月20日纪念阿垅的《我的悼念》手稿，共六页

驻地等五次情报；通过杭行向上海地下党提供过三次情报，蔡炽甫的情报就是通过杭行转送的；通过方然为浙江游击队递送过军事地图。据说周恩来当时看到"胡风案"的第三批材料也说："阿垅是我方的地下情报人员，给我方送军事情报的，中宣部和统战部要注意这个问题。"（黎辛《关于"胡风反革命集团"案件》）不过即使此事属实，也不见得能使阿垅的命运有何转机吧。——这并非一桩简单的刑事案件，而是执政党领袖亲自布置的政治行动。

胡风在1979年7月12日给老友熊子民的信中谈到了囚禁二十多年的感受：

形式上面壁独坐但精神上受到了三千多万党员、四千多万团员批斗拷问了二十多年，我不但不能认识自己有什么反毛泽东、党的存心，反而更觉得自己是一个虽然犯了不少错误（人事关系上的错误），但却的确是一个安分守己、尽力而为的党的事业的追随者。

胡风不认罪，阿垅更认为自己无罪，正如他在《犹大》一诗中所吟："革命是无可出卖的，/胜利是无可出卖的，/世界是无可出卖的，/历史是无可出卖的，/人之子一个人，/是无可出卖的……"

今天的人们，或许已能更为清楚地了解胡风与阿垅们获罪的根由。但在淡淡的时光的流痕中，我们能说些什么呢？

手 稿

　　在电脑高度运用的今天，手稿越发鲜见了。诚然，电脑制造的文稿整齐划一，但是它掩盖了创作者写作时的思想、心境抑或环境——大量丰富的历史内容缺失了。因此，呈现在这里的胡风、梅志手稿，就显得弥足珍贵。

永远的纪念
——《学习鲁迅精神》

胡风手稿《学习鲁迅精神——当作对于青年同志们的建议》写于1951年10月17日，写在《人民日报》二百字稿纸上，全文约两千两百字。此文是为纪念鲁迅逝世十五周年应《中国青年报》之约而写，但当时未能刊出，直至1981年鲁迅诞辰一百周年，始在当年9月27日的《光明日报》上发表。

人们都说胡风是鲁迅的大弟子，胡风对此说法不置可否，但做鲁迅精神的传人他是颇为乐意的，他实际也在这么做。几乎每年的十月他都要为鲁迅的纪念日做些什么，或撰写纪念文章，或策划筹备纪念活动，或发表讲演。1937年10月第一个纪念日，身处武汉的

胡风《学习鲁迅精神——当作对于青年同志们的建议》手稿，共十一页

胡风在《七月》半月刊创刊号上发表《即使尸骨被炸成了灰烬》，编辑了《七月》"鲁迅先生逝世周年纪念"特辑，又应《大公报》之约写了《关于鲁迅精神的二三基点——纪念鲁迅先生逝世一周年》；19日召开了一个小型纪念会，他是主席，并致词。1938年10月胡风全家在从武汉到重庆逃难的路上。1939年10月第三个纪念日，胡风写《鲁迅先生·日本·汪精卫》发表在19日的《新华日报》上，24日写《断章》载《七月》第四集第三期，10月还写了《〈过客〉小释》，并编辑了《七月》"纪念鲁迅先生逝世三周年"特辑；19日在纪念会上，作《鲁迅先生生平》报告。1940年10月第四个纪念日，胡风在19日的鲁迅纪念会上发言（具体内容失记），还写了《论民族形式问题底提出、争点和实践意义》（副题是"对于若干反现实主义倾向的批评提

1939年10月19日，胡风在重庆召开的纪念鲁迅逝世三周年大会上作《鲁迅先生生平》报告

要，并以纪念鲁迅先生底逝世四周年"），25日发表在《中苏文化》和《理论与现实》季刊上。1941年10月第五个纪念日，胡风在香港写了《如果现在他还活着——纪念鲁迅先生逝世五周年》，18日发表于香港《大众生活》周刊新二十三号；10月16日他还写了《作为思想家的鲁迅》，后收入论文集《剑·文艺·人民》。1942年在桂林及以后在重庆期间，胡风为鲁迅的著译版权力争，将取回的版税托人捎给在上海的许广平。1943年10月第七个纪念日，胡风在重庆，应乔冠华之约写了《从"有一分热，发一分光"生长起来的——纪念鲁迅先生逝世七周年及文学活动四十周年》，发表于《群众》周刊八卷第十八期；19日在纪念会上演讲四十分钟。1944年10月第八个纪念日，19日纪念会上，他当众怒斥了国民党特务对鲁迅及许广平的污蔑，得到了共产党领导人王若飞的敬酒致意。1945年10月第九个纪念日，重庆鲁迅纪念会上，周恩来、冯玉祥讲了话，老舍朗诵了鲁迅的一段小品，胡风也即兴讲话，并第一次带妻子与长子参加。1946年10月第十个纪念日，胡风在上海筹办了隆重的纪念会，19日纪念会上周恩来出席并作发言，胡风写的一首纪念颂歌也在会上唱响：

> 你向黑暗的社会复仇，举起了战士的投枪，你为痛苦的人民伸冤，敞开了仁者的怀抱，在遍地荆棘的祖国，你开辟了革命的血路一条。由于你，新中国在成长，由于你，旧中国在动摇。啊，先生，中国人民高举起你的大旗，中国大地响遍了你的战号。

这首由胡风作词、董戈作曲的《鲁迅先生颂歌——由于你，新中国在成长》发表在《希望》第八期（第二集第四期）上；20日他与众人到鲁迅墓地扫墓，就十年来的情况和对鲁迅著作应更深入地理解等

胡风在桂林与重庆期间为鲁迅的著译版权力争，将取回的版税交与许广平。这笔钱被用于重修鲁迅墓（右为许广平、周海婴）

1945年10月19日，纪念鲁迅逝世九周年大会主席团部分成员合影。左起：叶圣陶、冯雪峰、老舍、周恩来、冯玉祥、郭沫若、邵力子、柳亚子、胡风

胡风作词的《鲁迅先生颂歌》，刊于1946年10月《希望》第八期

问题发表了讲话。1947年10月第十一个纪念日，胡风与众人来到重新修葺的鲁迅墓地凭吊（抗战结束后，许广平用胡风追讨回的版税将墓地修葺一新），当日又出席了一个纪念鲁迅的座谈会。1948年10月第十二个纪念日，胡风与妻子到万国公墓凭吊鲁迅，晚上参加了一个小型座谈会，他谈了鲁迅的战斗精神与韧战等。

　　进入新中国，胡风却成了每年鲁迅纪念活动的配角或看客，甚至纪念文章的发表也受到了阻碍。1949年10月第十三个纪念日，13日胡风参加了文联鲁迅纪念筹备会，写了《鲁迅还在活着——在人民祖国的第一年纪念鲁迅先生（一）》，刊于25日《人民文学》创刊号；16日写《不死的青春——在人民祖国的第一年纪念鲁迅先生（二）》，刊于19日《人民日报》；又应《中国青年》之约写《到鲁迅这里来吧》，不知何由被退稿。1950年10月第十四个纪念日，他写了《祖国爱·人民爱·人类解放——纪念鲁迅先生逝世十四周年》，1952年收入论文集《从源头到洪流》。1951年10月第十五个纪念日，胡风受邀到一些地方去"讲鲁迅"，应《中国青年报》之约写了《学习鲁迅精神》，可等来的又是不能刊出的消息；19日参加在首都电影院举行的纪念会，他在日记中记录了会上的一些情况：

> 郭沫若当主席讲话，说鲁迅学习了毛泽东思想。陈毅讲话，说鲁迅由旧民主主义发展到马列主义。沈钧儒讲话，说鲁迅认真写日记，例如《狂人日记》。茅盾讲话，说鲁迅为了翻译一个花名写了许多信。

胡风不仅感到受了冷落，更为痛心的是鲁迅被"应景"似的纪念，鲁迅精神被随意地诠释。在是日文联举办的文艺晚会上，他提前退场，"因为后面是'舞会'纪念鲁迅"。1953年10月19日，胡风夫妇携幼子晓山参观了北京鲁迅故居。不久，对"胡风集团"的全面清算开始了，他被冠上了"欺瞒鲁迅"、"挑拨鲁迅与党的关系"等罪名，鲁迅纪念日，他沉默了。1956年10月14日，鲁迅遗体迁葬仪式在上海隆重举行，文学界人士有茅盾、周扬、巴金、靳以等参加，此时的胡风却已成为戴罪之身，身陷囹圄了。

胡风写于1982年的《〈写在坟后面〉引起的感想》手稿

胡风写于1984年2月的《鲁迅先生》手稿，共六十七页，四万五千字

　　1981年10月鲁迅诞辰一百周年，其时胡风尚在病中，他将三十年前所写但不能发表的《学习鲁迅精神》交给《光明日报》发表，以示对鲁迅的崇敬与纪念。文中他将鲁迅精神归结为两点："对于受压迫、受摧残、甚至精神上受着奴役的劳动人民的爱……对于压迫阶级、压迫者的火一样的仇恨。"1982年，他应北京广播电视大学之约写了《〈写在坟后面〉引起的感想》，不久在电台播出，并发表于《人民文学》当年第二期，他又能讲述鲁迅和鲁迅精神了。1984年，他写了四万五千字的回忆文章《鲁迅先生》，在这篇长文中，他披露了诸多鲜为人知的史料。这是他很久以来的愿望，也是他最后一篇纪念鲁迅的文字。

为真理鼓与呼
——"三十万言书"

　　"三十万言书"全名《关于解放以来的文艺实践情况的报告》，写于1954年3月至7月，共二十八万字，因之又称"三十万言书"。可以说，这份长篇报告直接导致了"胡风案"的发生，是当代中国文化史上的一份重要文件。《报告》共分四个部分：一、几年来的经过简况；二、关于几个理论性问题的说明材料；三、事实举例和关于党性；四、作为参考的建议。北京鲁迅博物馆现藏第四部分的手稿，即附件——"作为参考的建议"，约三万字，是四个部分当中着墨最少的。

　　从当时情况来看，胡风上书是箭在弦上不得不发的无奈之举。他

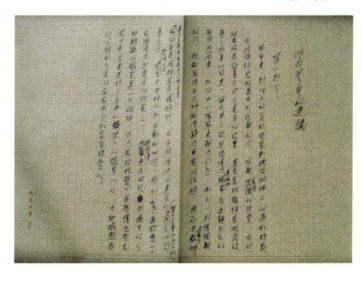

胡风完成于1954年7月的"三十万言书"（《关于解放以来的文艺实践情况的报告》）手稿，这是第四部分

之所以直言秉书，基于以下几个原因：一、自身的处境。在此之前他已经被冠上了三顶帽子，即"理论原则上的反马克思主义，创作理解上的反现实主义，组织领导上的宗派主义"（绿原《试叩命运之门——关于"三十万言"的回忆与思考》）。在三顶帽子的重压下，他不敢写理论文章，也不敢搞创作，更不敢到一个具体的单位当编辑。他与梅志讨论过这个问题，建国初期还是允许私人经营出版的，他们想在远离北京的上海"靠出书大约也不至于饿饭吧"，但是"出什么人的书也是很复杂的事情"；"在上海找个挂名的职位，写点自己愿写的文章，不惹任何是非"，这恐怕"很难得到理解和允许"；梅志甚至想到了"宁为太平犬，不为乱世人"（梅志《胡风传》，565页）。也有年长的朋友劝胡风不如找个"闲差"，搞搞翻译，不要"忧国忧民"、"杞人忧天"了，但是胡风不甘心做"太平犬"，他要做一个"人"。二、友人的境遇。"胡风问题"尚未殃及九族，却已连累友人，他们的创作与工作举步维艰。阿垅的论文被《人民日报》署名文章批判，进而丧失了继续工作的条件；冀汸的两部长篇小说遭到批判；路翎写剧本遭禁演，写小说遭劫难，如多米诺骨牌效应，写得越多批得越多（参见绿原《试叩命运之门——关于"三十万言"的回忆与思考》）。胡风从这里意识到"不能为了个人而牺牲众人的利益"，"不能为了个人的'过关'而放弃或改变自己的文艺思想"，因而他在《报告》中用相当的篇幅为这些"同道"鸣不平。三、他认为建国以来的文艺工作进入了一个公式化、概念化的灰色时期。他在《报告》中说：

在总原则上，我以为文艺上的问题本来是单纯而明确的，但几年以来却造成了一种焦躁而混乱的情况。在具体实践上，文艺工作本来是能够通过各种生动活泼的途径和斗争去通到以至达到总的目标的，但几年以来却造成了一种半身不遂的萎缩情况。

除了这三个原因外，还有两股助力推动他完成了三十万言的上书。一股是"同道者们"的认同与支持，一股是周恩来的一次谈话。1951年12月3日，周约胡长谈，这是胡风期盼了一年的谈话。下午三点三刻一直到晚八点三刻，整整五个小时。周批评他"也有点宗派主义"，谈话涉及了与别人合作的问题；解决组织问题；中央在抓大事，无暇顾及文艺情况，可写材料上报中央谈出自己的看法。谈话虽然不短，但胡风感觉许多问题并没有谈透；尽管如此，他从周恩来对他的态度上感觉到了关怀和希望，正如他在《报告》中所说的：

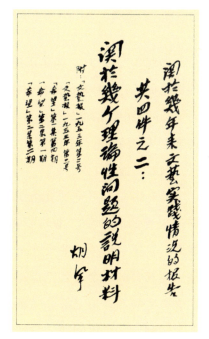

"三十万言书"第二部分标题手迹

我终于明白了：周总理向我提示的"不能回避批评"，是要我正视自己、正视现实、面对面地向斗争迎上去的意思。周总理向我指示的意思是：在斗争面前我回避不脱，有党的保证，我没有权利保留顾虑情绪。周总理向我指示的意思是：在必要的时候，无论在什么领域党都要求展开斗争，在斗争面前党是无情的。周总理向我指示的意思是：党是为历史要求，为真理服务的，在历史要求面前，在真理面前，党不允许任何人享有特别权利。

1954年7月22日，为了历史的责任，为了心中的真理，胡风郑重地把花费了五个月写成的报告交到了时为政务院文教委员会负责人的习仲勋的手中，请他转呈中共中央。他天真地以为，他捧上去的是一颗毕生"追随党的事业的共产主义者"的赤胆忠心，万没料想是引爆了一颗大当量的炸弹。

第一部分《几年来的经过简况》，胡风历数了自己进入新中国以来受到的种种打击与委屈，他被视为文艺界"惟一的敌人和罪人"；第二部分《关于几个理论性问题的说明材料》，他对林默涵、何其芳的六个文艺论点逐一进行了驳斥，并引经据典阐述了自己的文艺观点；第三部分《事实举例和关于党性》，这里他列举了九个问题，如宗派问题、党性问题、关于舒芜、关于阿垅、关于路翎等等；第四部分《附件——作为参考的建议》，他进言了许多文艺工作改革的方针大略，诸如：打破现行的"官办国家刊物"，实行"劳动合作单位的方式"，作家按地区自由结合，在作协支持并给以物质供给的条件下创办会员刊物，作家待遇取消供给制及薪金制……胡风的建议今天看来都是具有建设意义的，但同时也是"越俎代庖"的。经历过那个时期的人或许记不清"三十万言书"的具体内容了，但是胡风"五把刀子"的说法应该记忆犹存。在第二部分胡风反驳林默涵、何其芳的理论问题时，为了形象地说明，他用了如下的比喻：

在这个顽强的宗派主义地盘上，仅仅通过林默涵、何其芳同志对我的批评所看到的，在读者和作家头上就被放下了五把"理论刀子"：作家要从事创作实践，非得首先具有完美无缺的共产主义世界观不可⋯⋯只有工农兵的生活才算生活⋯⋯只有思想改造好了才能创作⋯⋯只有过去的形式才算民族形式⋯⋯题材有重要与否之分⋯⋯

他的本意是想形容文艺理论上的重重禁忌犹如悬在读者、作者头上的达摩克斯之剑，却被歪曲成胡风把党的文艺政策比作了"五把刀子"，胡风的罪名大焉！

胡风的报告是送呈中共中央的，本无意发表，但是接下来的局面却是他无力掌控的：报告被支离地发表，胡风被推到了一个绝境。1955年1月30日《文艺报》第一、二期合刊以"胡风对文艺问题的意见"为题，将"三十万言书"的二、四部分印成小册子随刊发放，上海和一些城市出现了排队买《文艺报》的现象。一、三部分也铅印成册小范围内送阅，不公开发表。前面本来还附有胡风于7月7日写给"中央政治局、毛主席、刘副主席、周总理"的一封长信，却未被发表（现已收入《胡风全集》）。

1955年5月13日《人民日报》公布了《关于胡风反党集团的一些材料》，毛泽东亲自撰写编者按语。5月24日《人民日报》公布《关于胡风反党集团的第二批材料》，6月10日又公布《关于胡风反革命集团的第三批材料》。接踵而至的批判浪潮一浪高过一浪，批判在不断升级，转眼间从"资产阶级的文艺思想"而"反党集团"而"反革命集团"，胡风落入了万劫不复的境地。

胡风晚年曾应约写《我为什么写作》："为了抒发自己的真情实感而写；为了表现人民大众的生活困苦、希望和斗争而写；为了反映社会历史的发展动向和革命的胜利而写；为了有益于人民解放、民族解放和人民解放而写；也为了探求文学发展的规律，阐明它内容的精神力量而写。"这同样是他成就"三十万言书"的心理写照。

1955年1月30日《文艺报》第一、二期合刊以"胡风对文艺问题的意见"为题，将"三十万言书"的二、四部分印成小册子随刊发放

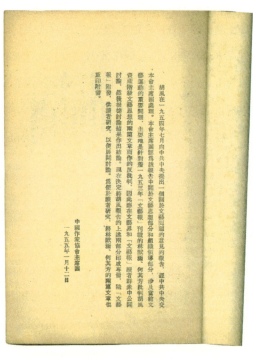

《胡风对文艺问题的意见》扉页说明

1955年5月13日《人民日报》发表《关于胡风反党集团的一些材料》，并加了毛泽东撰写的按语。这是"胡风反党集团"的第一批材料

1955年5月13日《人民日报》第二版发表胡风的《我的自我批判》

1955年5月24日《人民日报》发表《关于胡风反党集团的第二批材料》

人民日報 一九五五年五月二十四日 星期二 第二版

關於胡風反黨集團的第二批材料

1955年6月10日《人民日报》发表《关于胡风反革命集团的第三批材料》。从此"胡风集团"由"反党集团"转变为"反革命集团"

人民日報 一九五五年六月十日 星期五 第二版

關於胡風反革命集團的第三批材料

新兴木刻结下的情谊
——《悼念江丰同志》

1982年7月胡风终于在木樨地有了一个新家，新家明快敞亮，更重要的是周围住了许多朋友：海婴、丁玲、江丰。但是在这个家写的第二篇文章竟是悼念江丰的文字。9月江丰去世，胡风在梅志的陪伴下前去吊唁，后来写下了两千多字的《悼念江丰同志》，并附上狱中写就的怀江丰的诗歌《怀人组曲》（之一）。

江丰（1910—1982），原名周熙，上海人，版画家、美术教育家、美术理论家。1931年参加上海左翼美术活动。1938年赴延安，曾任鲁艺美术部主任。建国后曾任中央美术学院副院长、院长，中国美术家协会主席等。木刻作品有《言抗日者——杀！》、《囚徒》、《九一八日军侵占沈阳城》等。去世后，有《江丰美术论集》印行。

曲》（之一）。这篇悼文以圆珠笔写在四百字绿格稿纸上，共四页，时间是1983年1月29日。《怀人组曲》（之一）誊抄在中国艺术研究院二百七十字灰格稿纸上，也是四页。悼文不长，追溯了俩人虽不算深厚但颇为绵长的友情。

民情生善欲，感渴吸新知：

学画尝真意，归群动远思；

刻刀啮兽道，色笔梦花期；

且洒输诚汗，求前辨是非。

　　这是胡风《怀人组曲》（之一）中的一首，表现了青年江丰学习绘画、木刻的情景，胡风与江丰的友情即始于鲁迅先生倡导的新兴木刻运动。

　　1931年春，江丰与一些进步美术青年组织了上海一八艺社；夏，又与同人创办了一八艺社研究所木刻部。同年的6月，沪杭两地的一八艺社举办了为期四天的"一八艺社习作展览会"（一说上海一八

胡风写于1983年1月29日的《悼念江丰同志》手稿，共四页

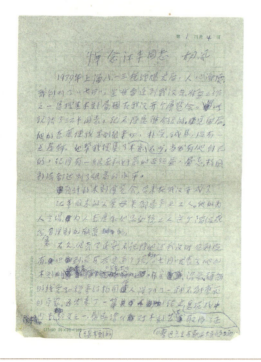

艺社并未参与），这个展会得到了鲁迅的支持和帮助。鲁迅不仅帮他们租借场地，还为展会写了《小引》：

现在新的，年青的，没有名的作家的作品站在这里了，以清醒的意识和坚强的努力，在榛莽中露出了日见生长的健壮的新芽。

自然，这，是很幼小的。但是，惟其幼小，所以希望就正在这一面。

鲁迅亲临展览会，并为展会捐款。正因其"幼小"，需"培植"，8月，鲁迅得知来沪探亲的内山嘉吉（内山完造之弟）是懂木刻理论的美术教师，便约请他为这些木刻青年讲授木刻理论及技巧。这个为期六天的暑期木刻讲习会，由内山嘉吉讲授，鲁迅亲自担任翻译与讲解。江丰曾撰文回忆：

鲁迅先生每天提着一包版画书籍和版画图片到讲习会来，给学员们传阅，借以扩大他们的眼界。有一天鲁迅先生把他珍藏的凯绥·珂勒惠支的《农民战争》这组腐蚀版画介绍给学员们，并叙述了他购买这组有作者亲笔签名的版画曾花了很多周折和很多金钱的故事，从这故事中，使人感到鲁迅先生对版画艺术何等热爱！（江丰《纪念"木刻讲习会"创办25周年》）

《悼念江丰同志》所附《怀人组曲》，胡风女儿晓风抄录（标题及圆珠笔改动字迹为胡风所写）

1931年8月22日暑期木刻讲习会合影。右起第三人为内山嘉吉，第五人为鲁迅，第六人为江丰

　　包括江丰在内的十三人自始至终参加了听课，江丰于此时创作了《老人像》、《生活》，并将拓印件送给内山嘉吉留作纪念。讲习会结束后，他又与一些学员前往鲁迅家中，观看了鲁迅收藏的外国版画。1935年10月，江丰与友人在上海发起成立了"铁马版画会"，他创作了《母子们》、《"一·二八"之回忆》、《审判》、《囚》等八幅木刻，悉数发表在《铁马版画》中（李允经《鲁迅与中外美术》）。木刻讲习会的举办促使木刻技巧得到普及，一支新兴的木刻队伍很快发展起来，而江丰也成为中国第一代木刻活动家。

　　胡风与江丰的初识源于木刻，他在悼文中回忆：

　　我创刊了《七月》，并准备迁到武汉去。准备工作之一是搜集木刻画，想在武汉开个展览会。因此认识了江丰同志。

江丰的亲切、朴实、诚恳给胡风留下了很好的印象。抗敌木刻展览会在1938年初举办了三天，展出江丰等青年木刻家帮助搜寻到的三百多幅作品。胡风作了《抗敌木刻画展览会小解》，他写道：

　　　　木刻能够有今天的发展，有两个主要的原因：一是中国人民的困苦的斗争，在艺术上要求表现，而木刻一开始就是和这个要求一致的；另一方面也由于中国伟大的文化先驱者鲁迅先生的提倡、介绍和诱导。木刻作家所以必得受冷视，受困苦，甚至流血的原因在这里，而木刻艺术就是在冷视、困苦、流血里也依然能够成长、发达的原因也在这里。

　　展会收到了意想不到的效果，虽然只有三天，但每天的观众达到了上千。胡风在武汉时期编刊的《七月》封面与插图采用的都是木刻版画，江丰的木刻作品也曾在《七月》上发表，作者署名"江烽"，可能寄寓着作品诞生于抗战烽火之中的意思吧！第二集第四期封面《战士》、第三集第二期插图《何处是家》均为江丰所作。1940年3月，《七月》第五集第二期发表了江丰的文章《鲁迅先生与中国的新兴木刻运动》，这是较早介绍鲁迅与新兴木刻运动的文字。可以这么说：胡风是继鲁迅之后新兴木刻运动的推介者，江丰则是新兴木刻运动的实践者。

　　建国初期，经受过延安洗礼的江丰已不单纯是一个木刻家了，他担任了美术方面的领导工作。据胡风日记，1949年9月8日他来到北京（当时尚称北平），准备参加第一届全国政协会议，9月16日，"在艾青房里闲谈，他为明天去杭州的江丰钱行，一道到馆子里喝了

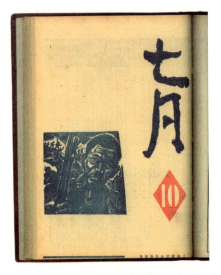

江丰木刻《战士》，被采用作1938年3月
《七月》第二集第四期封面画

江丰木刻《何处是家》，刊于1938年5月
《七月》第三集第二期

江丰《鲁迅先生与中国的新兴木刻运动》，
刊于1940年3月《七月》第五集第二期

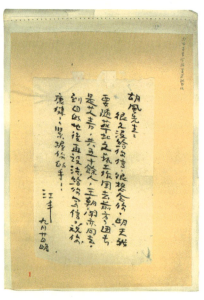

江丰1945年9月20日致胡风信

酒"。这时的江丰，应该是调任杭州艺专领导职务。1950年上半年，胡风日记里又有几次"江丰来"的记录。1950年6月9日，胡风在朋友们的邀请下来到杭州，16日晨回上海。在杭州的七天里，有数夜歇宿于艺专，并曾与江丰长谈。他看到这时的江丰不只是一个领导者，同时在美术理论上已有了很高的造诣。胡风受约为艺专学生讲了两个半小时的"现实主义"。很快，江丰又被调任中央美院领导岗位，胡风又受请为学生们讲过话。倏忽二十多年，1980年，劫后重生的二人终于又在北京相见了，不久他们还成了近邻。

诗人天蓝的《G.F.木刻工作者》是以江丰为原型的，刊于《七月》第三集第六期、第四集第二期

悼文中胡风多次提到江丰——这个工人的儿子给他留下的不可磨灭的印象，胡风在四十多年后还能回忆起当年的《七月》曾发表过诗人天蓝的诗作《G．F．木刻工作者》，这是以江丰为原型的，它刻画了一个"旷达"、"谨严"、"沉着"的"布尔什维克的形象"（手稿作"布尔希维克"）。《怀人组曲》中的下面这首诗，也许最能表现胡风对老友的哀思与怀念了：

大匠声常在，民情不可伤：
憎唇含圣热，爱眼放神光；
怒发能冲帽，冤胸敢炼钢！
老农忧岁歉，曾饿故防荒。

为了一个承诺
——梅志《胡风传》

　　我们在前面讲过，1985年6月胡风临终之际，内心仍充满了焦虑与担忧，梅志安慰他说："你放心，谁也不能再来污蔑你，往你脸上抹黑了。我会为你说清的。"（《〈胡风传〉后记》）这是梅志对胡风郑重的承诺，为了这个承诺，七十多岁的梅志历经八年，写下了将近六十万字的《胡风传》。书稿1998年1月由北京十月文艺出版社正式出版，这是梅志殚精竭虑的辩诬之作，梅志——可以告慰胡风在天之灵了。

　　梅志开始是仰视胡风的：他是一个有名气的评论家，而自己只是一个文学青年。面对胡风急迫的追求，她答应了求婚，因为"他是一个好人，应该给他以帮助"，她把自己的终生全部托付给了这个值得信赖的"好人"。婚后，她全力支持丈夫，除了尽好母亲养育儿女的职责外，在胡风的工作中她成了最得力的助手。胡风编辑刊物，她成了最好的校对；胡风写稿子，她成了最佳的抄手；胡风搞出版，她辅佐编辑、发行。她初试着发表了几篇文学作品，却不被苛刻的丈夫看好，她虽不悦，但她听命于他，在她心里，丈夫是文艺界的理论权

湖山，瓦砾，粘土　　　　　　　　第 1 页

一　湖山的梦

１９０２年在湖北蕲春县，一处背靠群山面临水波荡

漾的湖湾的小村庄，几座黄泥土墙的小屋，单之作就诞

（手稿难辨）

梅志《胡风传》
手稿

18×15=270　　　　　　中国艺术研究院

《胡风传》书影
（北京十月文艺
出版社1998年
版）

威。她尝试着写儿童故事，丈夫的称许让她一发不可收拾，她竟成了一名儿童文学作家。

从什么时候开始，胡风开始依恋于这个家，开始依恋于妻子呢？大概是始自"霉运"吧！胡风从40年代后期就开始受到来自各方面的批评，起初只限于文艺理论、观点是非的争论，胡风感到了一股无形的压力，他只有回到家里才能放松紧张的神经；后来批评不断升级，批评演变成批判，思想问题上升为政治问题，他预感到了一种灭顶之灾，他将苦恼与无奈向妻子倾诉。梅志看到一向自信的丈夫竟然这样苦痛，心痛不已，她甚至建议丈夫远离多事之都，去当"太平犬"——当然这是不可能的。对妻子的眷恋成就了情诗《我等着你》，其中有这样的句子：我等着你/我守着炭火/好像不黑的黑夜在围着我/好像不冷的冷风在吹着我/我等了又等/我等不住了/我要走出门去/迎着不黑的黑夜/迎着不冷的冷风/敞开我的胸膛/让我的心化成一片红光/高高地升起来

随着胡风境遇的日趋恶化，丈夫与妻子的角色发生了变化，妻子用柔弱的肩膀扶助丈夫走出了牢狱之门。1955年5月他们双双入狱，但并不关在一起。胡风在囹圄中默吟《长情赞》，以寄托对妻子的思念。1961年，梅志在被关押了七十个月后出狱了，她的罪名"不予起诉"，实际上也不值得起诉：曾帮助胡风从事《七月》、《希望》及希望社的工作，参与"三十万言书"的抄写。她记挂着尚在狱中的亲人，上书公安部要求探视，旧社会还允许探监呢！1965年，她被允许

到北京秦城监狱看望胡风。6月、8月、深秋，她三次到狱中探望十年不见的胡风，她给最惦念的人带去了吃的、穿的和最需要的书——胡风竟然给她开了一个长长的书单子，上面列着有名称的二十九种，没有详细名称的相关书籍若干。梅志放心了，胡风精神没垮，他还能看书，他还要从事所钟爱的文学事业。1966年2月，经过短暂的北京监外执行，胡风被发往成都继续服剩下的几年刑期，梅志毅然同往，开始了长达十三年的伴囚生活。于是一个奇怪的现象出现在四川的监狱：一个自由人伴着一个戴罪身。1970年，当时四川的最高权力机关革命委员会对胡风宣判无期徒刑，出狱无望的胡风精神彻底崩溃。他自杀未成，精神陷入了极度紊乱。梅志痛心地见到丈夫落到如此境地，决心要"帮助他"，要让他重新变回人。她为他买来书，鼓励他写作，终于把胡风从恐惧与混乱中拉了回来。1979年胡风出狱了，逐渐又走进了国家的政治生活，但是二十五年的与世隔绝毁损了他的身

胡风与女儿晓风
1984年5月在北京
饭店

心，更何况他的头上还重压着所谓诸多问题，梅志带着儿女们开始了漫长的为胡风辩诬的路程。1985年胡风带着遗憾，带着不甘离去，他把"替我说清楚"的遗愿留给了相濡以沫的妻子与孩子们。八年的等待，三次的平反，1988年中央6号文件终于还了胡风一个清白。

梅志的《胡风传》写自于胡风得到彻底平反的那一年，这是一部生活传记，她用一种审视的眼光，冷静、平和的语气，讲述了胡风八十三年的生活路程。她以与胡风共同生活五十一年的体验，向我们描述了一个执拗、敏感、不谙政治、不懂世故、本真的胡风。她浓笔重彩于胡风几个"说不清"的历史、思想问题，诸如"自动退团"问题、在"国民党党部任反动职务"问题、写"反共大纲"问题、"插在作家和读者头上的五把刀子"问题，她以亲历还原了历史，替胡风说清楚了许多错综复杂的历史事件。《胡风传》完稿，梅志感觉到精疲力竭了，她以全身心实现了她的诺言。

遗　物

这里展现的是胡风曾经使用过或拥有过的物品，它们记录了胡风的荣誉与耻辱、幸福与悲伤，让我们听听它们的故事吧！

风雨中的手提包

　　棕色皮革，硕大的夹层，折断的提手，损坏的包锁，27×44cm 的大小，四个边角严重磨损，一看上去，就知道经历了岁月的沧桑。现保存于北京鲁迅博物馆的这个旧提包有着一段不同寻常的往事：它跟随胡风抗战八年，曾用于放置稿件和毛泽东送丁玲诗词手迹。

　　从1937年"七七"事变爆发到1945年8月日本宣布投降，胡风带着这个手提包自上海、武汉、重庆、香港、桂林，而后又重庆、上海，整整八年时间，整整辗转一圈。他在战火中编辑了《七月》、《希望》，为《新华日报》编辑了文艺副刊《星期文艺》，还编选、

胡风的手提包，抗战时期装过
文稿与毛泽东送丁玲诗词手迹

编印了《七月诗丛》、《七月文丛》，他所编的刊物"坚持反映生活、反映抗战、反映人民的希望和感情，得到了读者的欢迎"（晓风《我的父亲胡风——胡风生平简明年表》）。当时刊物发行之处，很短的时间便告脱销，在延安更是成为不易借到的刊物。当时延安很少文学刊物，常常依靠"大后方"供给精神食粮。能见到的读物不多，能借到的更是寥若晨星。胡征回忆当时"《七月》最难借，偶借到手，常是破烂不堪"（胡征《如是我云》）。胡风编辑的《七月》、《希望》，无论在国统区还是解放区都产生过巨大的影响。这个时期胡风发现和培养了一批青年诗人与作家，如：阿垅、路翎、田间、丘东平等。延安与内地交通不畅，但《七月》与《希望》上也常登载来自延安的作品。这些作者有天蓝、鲁藜、侯唯动、黄树则、孔厥、公木、胡征等，胡征晚年还记得自己发表在《希望》上的诗稿是委托周恩来副主席从延安带出去的。胡风在战乱的年代编辑刊物，困难可想而知，人手不定且少，他看稿子常常通宵达旦，妻子梅志是他最好的帮手。每到一处，约稿、校对、发排、跑印刷厂、发行全面负责。由于战火的追逐，他一个城市一个城市地转移，装着稿件的手提包也就跟着他不断地迁移。在重庆，最让他担心的是敌机频繁的轰炸，每当警报响起，别人都带着细软，携家人躲进防空洞，他却抱着装着稿件的手提包躲避轰炸。

1939年下半年的重庆，胡风收到了丁玲寄来的一包稿子，其中有田间的诗和刘雪苇的论文，还有九件用纸包得特别仔细的毛笔写的旧体诗词。一看内容与笔迹，胡风知道，这是毛泽东写给丁玲的，丁玲特委托胡风代为保管。胡风感到责任重大，便将它们放在一个牛皮纸信封里，上书"毛笔"二字，然后装进存放重要稿件的手提包里。这

1938年的丁玲

毛泽东赠丁玲
《临江仙》手迹

封"毛笔"只有知情人知道是毛泽东的手迹，外人往往以为只是普通的毛笔字。胡风还是不放心，又将其交给梅志，要她妥善保管。

胡风与丁玲结识于1932年左联的一次会议上，初次见面胡风就有一见如故的感觉，后来多次相见，"都谈得很欢快"（梅志《胡风传》，231—232页）。1933年丁玲被捕，1936年逃出，到延安，受到了中国共产党领导人毛泽东、周恩来、张闻天等的欢迎。欢迎会后，毛泽东问丁玲有什么打算，丁玲回答"当红军"。丁玲的举动感染了毛泽东，他写下了一首《临江仙》：

壁上红旗飘落照，西风漫卷孤城。保安人物一时新。洞中开宴会，招待出牢人。　纤笔一支谁与似？三千毛瑟精兵。阵图开向陇山东。昨天文小姐，今日武将军。

随后，毛泽东与丁玲接触颇多，两人经常在一起聊天。谈吐之间，毛泽东随手将自己喜爱的词或自填的词抄出，有的随抄随丢，有的便送给了丁玲。丁玲当时收存有几份这样的诗词抄件，包括这首《临江仙》。1939年国民党伺机向陕甘宁边区发动进攻，丁玲担心这些诗词手迹的安全，就将它们寄往相对安全的大后方——重庆，请胡风代为保管。但当时的重庆也是多事之都，保护好这个重要的手提包，成了胡风夫妇的艰巨任务。皖南事变发生后，为了抗议国民党的倒行逆施，胡风等一批作家要撤离到香港，他将重要文稿、日记以及这包"毛笔"，寄存在重庆的亲戚家，为保险起见，在信封上又添写了两个钢笔字"丁存"。1943年，他们再度回到重庆，取回了存物。后来这"毛笔"伴随着他们回到上海，又进入北京。

　　1949年胡风与丁玲在新中国再次见面，可能因为双方都沉浸在对新生活的向往中，设想来日方长，这封"毛笔"两人都未提及。孰知世事难料，1955年胡风成为"胡风反革命集团"首恶分子，丁玲也难逃"丁陈反党集团"和"右派"的命运。随着胡风的被捕，他的日记、书信、文稿及其他一些个人物品统统被公安部没收，这个装着"毛笔"的手提包也被锁进了公安部的保险柜。直至1965年，胡风入狱十年后判刑，公安部发还部分个人物品，手提包才又回到梅志身边。1966年胡风在四川服刑，梅志带着手提包来到四川，开始了伴囚生活。1968年夏天，文革如火如荼，红卫兵来到梅志所在的劳改农场，当时的胡风已被单独关押在成都，"小将们"翻箱倒柜，拿走了他们认为有用的东西。梅志发现手提包幸存了下来，里面的文稿、诗稿虽然被抄走，藏在夹层的"毛笔"却幸免于难。之后，胡风夫妇又经过了多次搬迁和检查，手提包一直安然无恙。

　　1979年初，胡风出狱。次年3月，胡风夫妇回到北京。9月，中央宣布为"胡风反革命集团"案平反。梅志从手提包的夹层中取出那个纸包，对胡风说：现在好了，到物归原主的时候了。梅志写了封短信，将这叠毛泽东手迹通过丁玲的女儿转交主人，至此手提包完成了它的历史使命。

1980年9月胡风与丁玲在全国政协会议上

公民权利的丧失与复得
——胡风的证件

　　这里展示的几种胡风证件，有1954年9月颁发的中华人民共和国第一届全国人民代表大会代表当选证书、1980年10月15日颁发的选民证、1981年11月24日颁发的全国第五届政治协商会议代表委员证等，它们曾经代表着权利与荣誉，如今退出了历史舞台，默默无语。我们追溯着主人的命运，寻到了胡风公民权利丧失而复得的经历。

第一届全国人大
代表当选证书

"我走的是满天星满地花的道路"（梅志《胡风传》，558页），胡风在给周恩来的信中谈到了对新中国的第一印象。1949年1月胡风踏上了东北解放区的土地，他参观了工厂、煤矿、部队；参加了妇女大会、学生大会、劳模大会；9月参加了全国政协第一次会议，成为新中国第一届政协委员；10月参加开国大典；1950年9月进京参加全国第一次战斗英雄劳模大会；1951年在四川参加土改；1953年赴东北慰问志愿军伤病战俘。新中国的一切令他激情澎湃，诗情汹涌，他开始创作长诗《时间开始了》，他要歌颂新中国，他要歌颂新中国的领袖，他要歌颂新中国的主人——人民……他计划创作五个乐章，即《欢乐颂》、《光荣赞》、《青春曲》、《安魂曲》、《第二个欢乐

1949年9月26日第一届全国政协会议时合影。左起：马思聪、史东山、胡风、艾青、巴金

颂》（《安魂曲》后改名为《英雄谱》，《第二个欢乐颂》后改名为《胜利颂》；《青春曲》当时未完成，作者晚年将50年代所作的几首诗补进而定名），这是新中国成立后第一部歌颂祖国、歌颂领袖的诗篇。他的长诗在陆续发表，尽管不太顺利。

　　1954年7月，胡风针对建国以来文艺界存在的一些问题与自己的担忧，上书"三十万言"，为自己的前途埋下了祸根。8月，被四川省选举为全国人大代表，"看着这小小的代表证，他的眼睛湿润了。多年来追随革命，为建立新中国尽了自己微薄的一点力量，四川人民没有忘记他"（梅志《胡风传》，632页）。其实在这之前胡风已经获得了一些新中国的荣誉：第一次文代会他被选为全国文联委员，第一次全国政协会议他被选为政协委员。但是这些带来的喜悦，均因为自己的文艺理论不被人理解所冲淡。他更看重"人民代表"这个称号，"人民所赋予他的权利"，他"一定不能辜负人民的信任"。1954年9月15日胡风参加了一届人大会议，20日大会通过了中华人民共和国第一部宪法。胡风早在4月几次参加了这部宪法的制订讨论，为此还撰文《中国现代史底百科全书》。他曾将一本尚未定稿的宪法原始本送给大儿子，并嘱咐儿子说："现在我国有《宪法》了，一切按《宪法》办事。你要好好学习。"（梅志《我陪胡风坐牢》，38页）宪法共四章一百零六条，其中第三章《公民的基本权利和义务》之第八十九条规定："中华人民共和国公民的人身自由不受侵犯。任何公民，非经人民法院决定或者人民检察院批准，不受逮捕。"第九十条规定："中华人民共和国公民的住宅不受侵犯，通信秘密受法律的保护。"胡风万万没有想到：这个自己参与讨论、参与通过的新中国第一部宪法，不到一年，竟被生生践踏了。

1955年10月17日公安部签发的逮捕证，而胡风已于5月17日凌晨失去自由

　　1955年5月18日，经全国人民代表大会常务委员会批准，公安部对胡风实行逮捕，新华社18日播发了这条消息，而此时的胡风已经失去自由。1955年5月16日晚饭时分，公安部门带人到胡风家搜查，据女儿晓风回忆，他们"抄走了床边、桌上、抽屉内的所有文稿、书信、照片、日记以及一切他们认为有价值的物品，甚至将小院的那几棵树下面都掘地三尺寻找，以防那里藏有什么'罪证'。折腾了整整一夜，到第二天凌晨将我父母分别带走"。而公安部签发的逮捕证日期却是5月18日，还是五个月以后补办的。时任"胡风专案"组审讯员的王文正证实：其实对"胡风集团分子"的全国大搜捕5月13日就开始了，仅仅半个月，全国的所谓"胡风分子"几乎

被"一网打尽"，先于胡风入狱的是七月派诗人牛汉（王文正《我所亲历的胡风案》）。胡风被捕后先后关在不同的看守所与监狱，除了审讯，没有人给他定罪，他能收到家人捎来的冬衣和食品，却不能得知他们的一丝消息。等待了整整十年，1965年11月26日，北京市高级人民法院以"反革命"罪判处胡风有期徒刑十四年，剥夺政治权利六年。胡风"心安理不得"，他听着宣读的"罪行"，仿佛与自己无关。1970年在那个打倒一切的年代，胡风即将迎来刑满释放，不料却被四川省革委会以"服刑期间书写反动诗词，在领袖像旁写反动诗词"的罪状加判为无期徒刑，并不准上诉。

胡风在狱中度过了漫漫的二十五年，直至1979年1月获释出狱。次年7月胡风被安排任文化部艺术研究院顾问。在此期间他因精神疾病反复发作而屡进北医三院。10月基层人民代表选举开始了，胡风获得西城区的选民证（因为单位艺术研究院属西城辖区），他因病未能亲去参加，委托家人代投了"神圣的一票"。1984年6月，胡风出狱后第二次参加区人民代表选举，他在梅志与女儿的陪同下，来到了选举站点——中国艺术研究院，这是他的第一次光临，也是仅有的一次光临，他将两张选票投给了幼儿教师与音乐教授。

1980年10月的基层人民代表选举是胡风失去二十五年自由后的第一次，他因病未能亲去参加，委托家人代投了"神圣的一票"

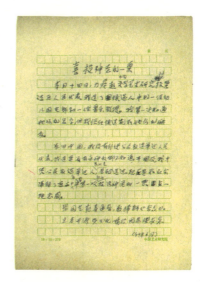

胡风写于1984年6月的《喜投神圣的一票》手稿，发表于7月1日《北京晚报》

几天后，他写了《喜投神圣的一票》刊登在7月1日的《北京晚报》
上，文中说：

开国后，我才凭公民权选举过人民代表，也被选过。现在是
和社会隔绝了二十多年后，第一次亲自投这神圣的一票。占一绝
志感。

学园艺苑喜逢春，敬捧师心合众心。

立本开源兴四化，情投国是理求真。

梅志感慨地说："这在胡风实在是来之不易的一票，他莫明其妙
地被剥夺了二十五年的政治权利，现在才能亲自行使这权利，所以更
觉神圣！"（梅志《胡风传》，770页）1981年11月28日，胡风被增
补为第五届全国政协委员，12月14日被选为全国政协常委。1983年至
1985年他连续三次以八十多岁的高龄参加了政协六届一次、二次、三

次会议。

　　从这些证件可以看出，胡风是非常珍视自己的公民权利的。全国人大一次会议代表证完好地装在原始的封袋内，会议代表的全体合影及会议纪念本都完整地保存着；政协五届代表委员证，六届一次、二次会议出席证及六届会议代表全体合影也都妥善地保存着；那张选民证——代表他二十五年后又回到了自由公民行列的证件，更是意义深远。以史为鉴，一个社会的民主与法治是关系到一个民族、一个国家生死存亡的大事，这正是胡风证件及他的经历所要告诉我们的。

第一届人大一次会议纪念本

第一届人大代表当选证书封套

一张迟到的公费医疗证

公费医疗证我们也许并不陌生，它曾经是公职人员的福利待遇，是国家主人翁的象征。在胡风放置贵重物品的手提包的夹层内，深藏着一张公费医疗证，翻开第一页，毛主席语录赫然在目："救死扶伤，实行革命的人道主义。"翻开第二页，即是证件主人胡风的相关资料。医疗证上贴有胡风戴冠一寸照，消瘦的脸庞，痛苦的眼神，紧锁的眉头，紧闭的嘴，这是一张七十多岁的老人照，这是一张失去了二十五年自由的中国知识分子的肖像。医疗证宣告胡风重新获得了公民、公职的身份，这正是它的特殊意义所在。

公费医疗起源于1952年政务院发布的《关于全国各级人民政府、党派、团体及所属事业单位的国家工作人员实行公费医疗预防的指示》。这是我国对享受对象实行的一种免费医疗保障制度，曾在一定的历史时期内调动了职工的生产积极性，促进了经济建设，维护了社会稳定，但是它只作用于公职人员。胡风也曾是名公职人员，新中国成立后，他以全国文联委员的身份到各地采访参观，参加土改，1953年任《人民文学》编委。1955年5月17日凌晨，是一个黑色的日子，他不仅失去了公职，还失去了一个公民所应有的人身自由。

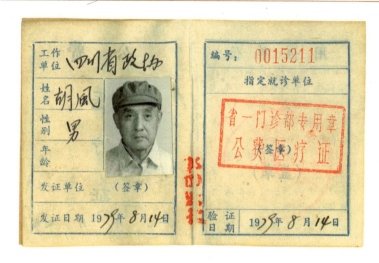

四川省政协1979
年发给胡风的医
疗证，结束了胡
风到监狱医院看
病的历史

　　被捕后的前十年，迟迟没有宣判，胡风等待着，期盼着党最终能对他的"文艺理论"问题给一个说法。他精力还旺盛，身体素质也还好（除有痔疮外），他大口地吃饭，在心里默默地吟诗，也曾以绝食的方式，向狱方抗议。1965年他六十三岁，终于等来了有期徒刑十四年剥夺政治权利六年的结果。胡风拿到这个等待十年的结果，给监狱当局呈上"心安理不得"的感想，并引林则徐诗句"苟利国家生死以，岂因祸福避趋之"以自我安慰。胡风一想到受他株连的亲人与朋友，就心痛不已，愿此案早有结果，哪怕自己上绞刑架，以此结束陪绑者们的磨难，但莫须有的罪名又使他难以承受，"为了维护党的威信，不但不上诉，甚至都不愿辩解"（梅志《我陪胡风坐牢》，70页）。这就是胡风当时真实的心态。好在刑期只剩三年半，而且梅志也被允许伴随身边，胡风心里又重新燃起了希望。1966年胡风在北京与家人过了一个短暂的春节，便与梅志一起到成都享受监外服刑的"宽大"待遇了。这时的胡风心情是平静的，态度也是积极的。他几乎天天去医院看病，口苦耳鸣多年，中医诊断是肝热、心神不宁，爱吃甜食的他咬着牙把黑药汤子一碗碗喝下去。他将自己的病症写信告诉萧军，以求略通医术的萧军的指点，萧军不仅为他进行遥疹，还寄来了一本《保健按摩操》，于是照书做操成了他每天的功课，他为出狱全身心地做着准备。

1966年注定是个不平静的年份，5、6月轰轰烈烈的文化大革命浪潮也翻卷到了成都，9月他们被转移至芦山县劳改局苗溪茶场，胡风感到了茫然，一触可得的希望似乎又远离了。1967年11月，胡风被单独押解到成都某看守所；1970年2月又被押解到大竹县四川省第三监狱；同年四川省革委会加判他无期徒刑，不准上诉。胡风的希望彻底破灭了，他的精神崩塌了，他的身体每况愈下。在晓风所记的胡风生平年表中，我们可以看到胡风这些年精神与身体的状况：1966年9月六十四岁，在芦山县劳改局苗溪茶场，患血压高、头痛、尿潴留等病，中风一次，经治疗，病情始稳定；1970年六十八岁，被押解到大竹县四川省第三监狱，住数十人大监，从事轻微劳动，身体和精神状况越来越坏；1971年六十九岁，对解决自己的问题绝望，用大石头撞击头部自杀，未果，精神开始崩溃，患心因性精神病（晓风《我的父亲胡风——胡风生平简明年表》）。

1973年梅志来到他的身边，这时的胡风已同六年前的他判若两人了。梅志在回忆这段往事时，还在反复地问自己：真的是他吗？他"茫然地望着"，"佝偻着背"，面对管教干部"双手垂直地听着"；管教干部走了，他仍在"垂手而立"。梅志在心底大声呼唤着："一向挺直腰杆、轩昂豁达、压不倒、摧不垮的我的亲人，怎么会变成这个样儿？我真不相信面前这人就是他。"胡风在梅志的召唤下大梦初醒，哭着说："我该死，我该死！我已经判了无期徒刑！"他跪了下来："我快要死了！我对不起你呀！你知道他们定了我什么罪？滔天大罪呀！什么重罪都加在我身上了，我承担不了啊！你这一来，可更不得了啦……我害了你啦……"（梅志《我陪胡风坐牢》，245页）此情此景，让人潸然泪下。胡风的病情比梅志预料的还要严重，他幻听，不断地说着中央专案组在空中给他下指令；他恐惧，不断地写交代材料，承认自己的罪行，甚至承认自己下毒，尔后又要回交代材料，否认自己做过这一切；他怀疑，甚至怀疑梅志也是被派来监视他的，以至拿刀相逼。梅志看到自己的亲人成了这样，心里在滴血，她要救他，她要将他变回"人样"。她握着他的手说："你不能这样自我残害下去，要保重身体。你要知道，这可是生命的竞赛啊！你应该尽力活下去……"她发现胡风在读书写作时思维清晰，记忆力惊人，便引导他读马恩列毛、《十万个为什么》；他热衷于写交代材料，梅志便鼓励他将自己的回忆也写入交代中，写起了自传体的"交代文学"。胡风安静了下来，他不断地写交代、感想、体会、总结。随着政治环境的日益宽松与个人情绪的安定，他对《红楼梦》萌发了浓厚的兴趣，写了吟咏红楼人物的《〈石头记〉交响曲》（后发表于《红楼梦学刊》1983年第一期）及其他相关文字，甚至还曾计划写一部研究性的专著。

胡风夫妇1980年12月30日在北京北医三院

1976年底，胡风住进劳改医院，进行全面的身体检查与治疗。两个多月后，他重进高墙。一向对政治环境敏感的胡风这时感到了精神上的放松，写下十几万字的收获与感想，希望与信心重回到他的身上。1979年1月，七十七岁的胡风获释出狱，春节过后，四川省公安厅宣布撤消无期徒刑的判决，但维持有期徒刑十四年的判决，安排胡风到省政协工作。胡风对留有尾巴的决定颇感不悦，决定不去政协报到，于是他的人事关系、粮食关系依旧留在省第三监狱，成了服完刑的犯人。这时他的旧疾痔疮又发作了，前列腺炎也在发展中，高血压、高血脂也频频找上门来，他看病，或到劳改医院，或自费，他只得买一些中成药吃。6月，胡风被告知任四川省政协委员，他终于有了单位，成了公职人员；8月，得到省政协发给的公费医疗证；11月底，因急性前列腺炎住进四川省人民医院，住院中两次前列腺摘除手术，引发了他的心因性精神病，因此于1980年3月转回北京治疗。

　　这张公费医疗证，仅仅使用了五个月便完成了它的使命。但在计划时代、以政治为中心的中国，它所象征的意味是深长的。

1985年5月胡风
与梅志最后一张
合影

特殊生活的遗物
——呢子大衣

梅志曾在《遗物》一文中说胡风的"特殊生活可不短，但是我没能为他留下特殊遗物"，这里的特殊生活是指囚犯生活，这段生活占去了胡风四分之一世纪的光阴。梅志曾经拒绝从监狱带回胡风的衣物，她对监狱干事说："我不想留下，不要以为我想将来放在博物馆里！"她想要忘掉那段不堪回首的生活。但北京鲁迅博物馆里却存放着胡风在那段特殊生活中的一件遗物——呢子大衣：毛呢质料，藏青色，驼绒里，双排扣，斜插兜，在60年代还不失为时尚。这是1966年初胡风监外服刑回京期间购买的。

1966年初胡风获监外执行后，在北京百货大楼购置的呢子大衣

1965年12月的胡风，正在北京秦城监狱服刑，还差两天到年底了，他等来了对他"宽大"的消息：释放回家，监

1966年1月，监外执行时的胡风与梅志、晓山、晓谷合影

外执行。但他还是个囚犯，要遵守"约法数章"："不要和陌生人谈话、不要见外国人、不能随便外出、只能在住处附近走动……"还派来了两个监督者，老陈与小张。他回到了阔别十年的家。小儿子回来了，这还是那个"颜纯如眼亮，稚子净无尘"（胡风《梦赞》）的小山子吗？站在他面前的是一个十七八岁的大小伙子了，他还是忍不住上前吻了儿子的前额。女儿晓风从农场回来了，大儿子晓谷从西安也回来了，全家团聚了。元旦，全家十年以来吃了第一次团圆饭。饭后，孩子们拘束地坐着，他们与父亲已经陌生了。父亲有话要说，他让女儿找到《鲁迅全集》，翻到有岛武郎的《与幼小者》，他让女儿念出了这一段：

　　我爱过你们了，并且永远爱你们。这并非因为想从你们得到为父的报酬，所以这样说。我对于教给我爱你们的你们，唯一的要求，只在收受了我的感谢罢了。养育到你们成了一个成人的时候，我也许已经死亡；也许还在拼命的做事；也许衰老到全无用处了。然而无论在那一种情形，你们所不可不助的，却并不是我。你们的清新的力，是万不可为垂暮的我辈之流所拖累的。最好是像那吃尽了毙掉的亲，贮起力量来的狮儿一般，使劲的奋然的掉开了我，进向人生去。

大家沉默着，屋里静悄悄的，父亲沉重的声音响起："这就是我的心情。我愿意将我的全身心交付给你们，你们像幼狮一样吧，你们能够壮健地奋然地离开我，我就安然了！"全家的第一次相聚被这悲壮的气氛笼罩着。

元旦过后，公安部安排的参观活动开始了，当然这也是思想改造的一部分。胡风很高兴，北京十年的变化他真想看看呢！他去了王府井，那儿有北京饭店、东安市场，百货大楼更是全国人民向往的购物天堂。梅志在百货大楼看上了一件呢子大衣，要给胡风买，胡风看到二百多元的价格，连连摇头。梅志说："你一辈子总是从旧货店里买衣服穿，这次非要让你穿得像个样儿！"那时候穿呢子衣服的可谓凤毛麟角，胡风穿上这件呢子大衣果然像个大人物呢！参观人民大会堂，他穿着合体考究的大衣，"站在那宏伟的建筑旁边，就显出了气派。那女服

1966年2月胡风、梅志离京前与晓山、晓风在朝阳门外寓所前合影

员来接待时也显得很热心还带点尊敬，她哪里知道站在她面前的是一个监外执行的犯人"（梅志《胡风传》，663页）。

胡风一天参观了三个地方，人民大会堂、中国革命博物馆及人民英雄纪念碑。人民大会堂庄严而神圣，走在通往大厅的红地毯上，胡风严肃而慎重，这个一届人大代表本应是这里的主人，如今却成了"人民的罪人"，他感慨万千，奉上了全部的赤诚与敬仰："我用慎重的步伐走上了人民大会堂的台阶，走进了人民大会堂的高门和大厅。我感到了高、大、雄、稳、重、坚、实、厚、固。随着我的步伐前进，随着我的步伐升起，我感到了谐和、镇定、均衡、统一、庄严、光辉，我感到了中心点上接苍穹，横连八表；我感到了中心点统率着各部分，我感到了各部分拱向着中心点。……人民大会堂，以空间——形的旋律，象征了党的伟大，祖国的伟大，从物质变精神到精神变物质的毛泽东思想体系的伟大……"他又用"谨慎的步伐和虔诚的目光"参观了革命博物馆。太阳西斜，他向人民英雄纪念碑走去，他专心地、久久地凝视着这座历史丰碑，似乎在想着什么。他在感想中写道：

> 立碑的当时，我也在我的心灵里立下了一座碑：我写了《英雄谱》（原名《安魂曲》）。我所追念的英雄们（杨超、扶国权、宛希俨……）原来一直活在我的心灵里，今后更要一直活在我的心灵里。我站在为你们而立的碑前，感到深沉的痛苦，我愧对你们。我没有走完你们指引我走的道路，而成了……我向你们忏悔，深沉地，更深沉！（梅志《胡风传》，666页）

安排的参观很紧凑，春节前，他们又参观了石景山钢铁厂、清河制呢厂、第一机床厂、京棉一厂。春节快到了，全家为这十年后的团聚忙碌着，他们到天安门前合了影，又到照相馆留了"全家福"，难得的团圆，难得的欢聚，他们哪里知道不久全家人又要长久别离了呢！刚过了年，胡风接到了通知：到四川安家。胡风感到这是对他的终身放逐，他心情沉重而郁闷，孩子们受组织上的指令来做他的工作了，他自知这是"中央"的安排，一个犯人是无法抗拒的，他同意了，梅志随行。临行前他去了最想去的北京鲁迅博物馆，1956年建馆时胡风已入牢狱。梅志在《我陪胡风坐牢》一书中详尽地记述了这次参观经过：

　　　　他很冷静地看了被涂去他个人形象的照片，冷静到没有任何表情。很认真地询问了讲解员一些问题，如，手稿存放在哪里？所有书籍是不是都在这里？经常有多少人来参观？青年学生来得多吗？……

胡风1966年初到北京鲁迅博物馆参观，看到的展览中没有他形象的扶棺图片。此图片是从新闻电影制片厂纪录片中截取的镜头

他听到学生常常是集体参观，外地参观者也不少，显得很高兴。他在故居又问了很多问题，并提了建议，他的与众不同引起了馆里工作人员的注意。在出经售票处时，他发现了曾经在许广平家工作过的一位同志，他的尴尬身份促使他很快上车离开了。他，曾经是鲁迅的学生，谁会想到如今是以囚徒之身来拜谒先生的呢！梅志的回忆也得到了印证，据北京鲁迅博物馆的一名老同志叶淑穗回忆：1956年新馆布展，她去新闻电影制片厂调取鲁迅葬仪的纪录片，从中选取一个众人扶棺的镜头。胡风虽是扶棺人，但作为"反革命"是不能有正面形象的，她便截取了一个胡风正低下头的镜头做了展览图片，这幅图片在鲁迅生平展的纪念部分沿用了多年。——为了政治的需要，历史的真相是可以被遮去或抹去的。

1983年胡风最后一次参观北京鲁迅故居（北京鲁迅博物馆）

不久，胡风与梅志前往四川，岂知这一去胡风竟然又做了十三年的囚犯。仔细算来，胡风在北京监外服刑只有一个半月，他享受到了短暂的家庭温暖，这应该是胡风二十五年牢狱生活中最满足、最幸福的日子，呢子大衣正是这段生活的特殊纪念。

"我需要一个家"

　　走进北京鲁迅博物馆的"胡风文库"，一眼便能看到明亮的窗子下面摆放着一张铁制灰色漆面的书桌，桌面为黄色条纹塑料贴面；紧挨其旁的是两件木制单人沙发，一个木制茶几。这套简易家具是胡风出狱回京后，为第一个新家购置的。在它们的陪伴下，胡风度过了自己生活、工作的最后五年。

胡风的书桌与沙发是暂住前三门寓所时购置的

1953年夏全家在
北海公园

　　"我需要一个家"，这是胡风七十八岁时对组织提出的一个小小
的要求。新中国成立后，胡风"进进出出"北京四十年，要在北京安
一个家竟是相当的难！

　　解放后，胡风的工作重点转移到了北京，而妻子儿女居住的家却
在上海，安家问题迫在眉睫，权衡利弊他们决定举家迁京。1953年的
胡风正因为文艺问题受到来自各方面的批评，他需要一个温暖的家来
抚慰他受伤的心。他看上了地安门内的一处小四合院，要把它作为献
给家人的一份厚礼。住惯了上海弄堂的梅志对这份礼物非常满意，几
十年后回忆起这个小院时还充满着感情：

　　　　它很安静，没有四邻的嘈杂声和打闹声，关起大门只有我们一
　　　家，没有任何干扰。何况，出胡同不远就是北海公园的后门，离什

刹海也不远。夏天晚饭后，我们可以沿着什刹海散步到银锭桥。如有月光，正好在桥上赏月，看水面上被风吹着的月亮倒影，也在那儿飘动，似乎它也活了起来。这可是在上海无法享受到的自然风光和清新的空气。（梅志《北京家居变迁记》）

多么诗情画意！买房与修整房屋花了他五千元的版税，家搬来了，胡风却还在为它忙碌着。他买来了四棵树，前院种的是梨树，正院西边种的是紫丁香，西南边种的是大白杏，梅志窗前种的是蟠桃，他憧憬着桃李杏熟可以让小儿子吃到自己种的果实，可惜，最后只有杏树结了果。"对这四棵树，胡风寄托着一份深情，他想使院子美丽，使孩子快活"（梅志《四树斋》），因此他又犯了文人的通病，在这里写的第一篇文章末尾署上了"四树斋"的室号。他拿着自己的得意之作给别人看，别人指着"四树斋"三字问道："你要四面树敌吗？"一句话惊醒了他，他早已感到风声鹤唳了，惟恐避之不及，哪还敢四面树敌？充满诗意的斋名就这样没出炉即遭弃用。在这里，他写的文章并不多，但却写了最著名的文章，也是闯下大祸的文章——"三十万言书"。"四树斋"放弃了，但"共和国敌人"的命运却没有逃脱。1955年5月17日凌晨胡风夫妇被逮捕后，这个倾注了胡风心血的家他们再也没有回来过。数月后，军委占地盖楼，地安门内太平街甲二十号的小院也从此消失。事后，梅志曾在看守所内为小院赋诗一首：

太平街，不太平，三年未住满，成了反革命！房被拆，地深挖，高楼大厦上面压，看你还敢折腾不！

1961年1月，梅志被放回家，这是让她回去料理母亲后事的。"家"早已搬到了一个大杂院，房子年久失修，到处漏风，代替他们照顾孩子的八十岁老母终因受冻患肺炎而去世。梅志决定离开这个破烂的房子和嘈杂的环境，她以五间平房换到了朝阳门外小庄地区带暖气的三间楼房。1965年年底到第二年的2月中旬，胡风在这里度过了短暂的监外服刑期，便又与梅志到成都去了。这所楼房后来住进了女儿婆婆一家，而胡风一家分离几处，大儿子晓谷在外地工

1966年2月胡风监外执行时在北京朝阳门外的寓所前

作，女儿晓风在北京郊区农场务农，小儿子晓山到内蒙插队，北京没有"家"了。

1980年初，经中央同意胡风由川回京治病，他的精神时好时坏，好时住国务院第二招待所，坏时住北医三院。1980年9月22日，时任中宣部副部长的周扬等人前往医院看望，经常陷入精神混乱的胡风忽然清醒了，提出了一个要求："我需要一个家，不能总住在这里吧。"（梅志《胡风传》，753页）不久，文化部将前三门的两套两居

胡风夫妇1982年
在前三门寓所外

室借给了他们，房子小了些，朝南的一套给胡风夫妇住，朝北的一套给小儿子住。胡风还在医院里，全家人决定为胡风布置一个像样的家。他的房间里新买了一张铁床，一套简易沙发，一张书桌，立在墙边的四个书柜是从成都托运回来的，就这样胡风有了"二十多年来一直向往的'家'"（梅志《胡风传》，757页），尽管只是一个暂时的"家"。

1982年7月他们搬到了木樨地，这时的胡风精神和身体都有了很大的好转。这个新家宽敞明亮，在二十多平米的大门厅里他们又添置

了新的家具，但胡风依旧愿意坐在厅里书柜前面的小沙发上会客、休息。那张书桌放在了客厅里，由梅志使用。胡风的卧室兼书房里添置了一张硬木书桌，在这张书桌上，他写出了近五万字的《〈胡风评论集〉后记》、四万多字的《鲁迅先生》，他说，他还有好多东西要写呢！他在这里不仅重温了写作之乐，还享受到了含饴弄孙的天伦之乐。但他在这里只住了不到三年，这是胡风最后的一个"家"。

胡风夫妇1983年在
北京木樨地新居

后 记

　　守着"胡风文库"这个宝藏，多么想把其中的故事说与人听，于是我拿起笔开始了讲述。物是人非，如今故事的主人大多都已故去，留下的物品无言地述说着上个世纪它们亲历的风风雨雨。我在倾听着，记录着，无时不在分担着它们遭受的凄苦，无时不在分享着它们劫后余生的快乐。讲着写着，居然写成了这么一本小书。虽然写得并不轻松，甚至可以说相当辛苦，但我的内心感到充实和快乐。

　　我生长在上个世纪后五十年，目睹了改革开放前三十年的诸多运动，见证了在中国苦难的大地上，人们的命运与生活是如何被国家政治所左右。在那个时代的政治祭坛上，胡风与他的朋友们付出了生命与岁月的昂贵代价。

　　男人是力的象征，但外界的打击极易使他断裂；女人是柔弱的符号，但外界的打击会使她格外坚忍，在梅志的身上再次验证了女性的这一美德。胡风一帆风顺，她默默无闻，隐匿在丈夫高大的身影后；胡风遭受打击，几近灭顶之灾，她毅然挺起了弱小的身躯，站在了丈夫的前面。可以这么说，没有梅志就没有胡风的后半生。

　　这本小书的写成，归于梅志先生生前的愿望：将胡风的遗藏捐赠鲁迅博物馆。胡风先生的子女于2007年开始分批分期地将这些遗藏赠与我馆，我借工作之便，在与前人遗泽的朝夕相对中开始了写作。其间，胡风之女晓风在文章史实的核校、照片的提供等诸多方面给予我大力的帮助，在此表示我的谢意。我的前辈叶淑穗老师，对此书的一些情节提供了第一手资料；王世家老师抽暇通阅书稿，多有纠谬；此书还得到了我的工作部门——北京鲁迅博物馆文物资料部全体同人的帮助，在此一并致谢。

2008年1月20日